Alexander Puschkin
Jewgeni Onegin

SERIE PIPER
Band 690

Zu diesem Buch

Der Weltrang, den die russische Literatur des 19. Jahrhunderts durch ihre großen Romane erreichte, gründet sich vor allem auf Tolstoi und Dostojewski, aber am Anfang dieser Tradition standen zwei Werke höchst eigener und unnachahmlicher Prägung: Puschkins Hauptwerk »Jewgeni Onegin« – ein Roman in Versen (1833) – und Gogols »Tote Seelen« – ein Poem in Prosa (1842).

Die Antike, das Mittelalter und die Renaissance kannten das Versepos, Byron hatte die Verserzählung in der europäischen Romantik durch »Childe Harold's Pilgrimage« populär gemacht, aber ein Roman, in Strophen geschrieben und gegliedert – das ist ohne Beispiel und Nachfolge in der Weltliteratur.

Puschkins Versroman ist weit mehr als eine Liebesgeschichte, er ist auch mehr als »eine Enzyklopädie des russischen Lebens«, wie der russische Literaturkritiker V. G. Belinskij 1843 schrieb. Er ist das paradoxe Produkt höchster Formbewußtheit und organischen Wachstums, europäischer Klassizität und russischer Volkstümlichkeit, ironischer Selbstdarstellung und objektiver Gesellschaftsschilderung und bei alledem ein außerordentliches Lesevergnügen.

Der russische Originaltext, der der deutschen Übersetzung enorme Schwierigkeiten entgegenstellt, ist fast ein dutzendmal ins Deutsche übertragen worden, aber eine wirklich adäquate Nachdichtung fehlte bislang. Die hier vorgestellte Fassung von Rolf-Dietrich Keil wurde von der Deutschen Akademie für Sprache und Dichtung mit dem Johann-Heinrich-Voß-Preis für Übersetzung (1983) gewürdigt und veranlaßte Lew Kopelew zu der hoffnungsvollen Äußerung: »Puschkin erreicht Deutschland« (Die Zeit, 17. 4. 81).

Alexander Puschkin

JEWGENI ONEGIN

Roman in Versen

Aus dem Russischen und
mit einem Nachwort und Erläuterungen
von Rolf-Dietrich Keil

Piper
München Zürich

Die Originalausgabe erschien 1825–1833 unter
dem Titel »Evgenij Onegin – Roman in Versen«
in Petersburg.

Die vorliegende Übertragung erschien erstmals unter dem
Titel »Jewgenij Onegin« 1980
im Wilhelm Schmitz Verlag, Gießen.

ISBN 3-492-10690-0
Juli 1987
Deutsche Ausgabe:

Umschlag: Federico Luci,
unter Verwendung des Gemäldes »Tanz in der Stadt«
von Pierre Auguste Renoir
Umschlagrückseite: Selbstkarikatur Alexander Puschkin 1826
Satz: Satzstudio Pfeifer, Germering
Druck und Bindung: Clausen & Bosse, Leck
Printed in Germany

INHALT

Pétri de vanité il avait encore plus de cette espèce d'orgueil qui fait avouer avec la même indifférence les bonnes comme les mauvaises actions, suite d'un sentiment de supériorité, peut-être imaginaire.

(Tiré d'une lettre particulière) *

* Durchdrungen von Eitelkeit, besaß er darüber hinaus noch jene Art von Stolz, die gute wie böse Taten mit der gleichen Unbeteiligtheit bekennen läßt, infolge eines Gefühls von Überlegenheit, die vielleicht nur eingebildet ist.

(Aus einem Privatbrief)

Widmung

Nicht, um die Welt zu amüsieren,
Nein, weil mir Freundschaft teuer ward,
Wünscht' ich Dir hier zu präsentieren
Ein Pfand von würdigerer Art,
Der schönen Seele wert vor allem,
Die heilig träumend sich erfreut
An dichterischen Widerhallen
Und hochgesinnter Einfachheit;
Statt dessen muß Dir nun gefallen
Dieser Kapitel Bunterlei,
Die, halb zum Lachen, halb zum Weinen,
Volkston und Ideal vereinen,
Sorglose Frucht von Spielerei,
Schlaflosen Nächten, Inspirierung,
Unreifer, welker Jahre Sinn,
Verstandes kalter Registrierung
Und Herzens schmerzlichem Gewinn.

ERSTES KAPITEL

Beeilt zu leben sich und jagt den Sinnen nach.
(Fürst Wjasemski)

I.

»Mein Onkel – brav und hoch zu preisen –
Scheint nun doch ernsthaft krank zu sein;
Ein Grund, ihm Ehre zu erweisen,
Kein beßrer fiel ihm jemals ein.
Sein Beispiel sei für andre Lehre;
Doch, lieber Gott, welche Misere,
Am Siechbett sitzen Tag und Nacht
Und keinen Fuß vors Haus gebracht!
Welch niederträchtiges Erschleichen,
Halbtote Mienen aufzuhell'n,
Die Kissen richtig hinzustell'n,
Bekümmert die Arznei zu reichen,
Zu seufzen, wo man denkt bei sich:
Wann endlich holt der Teufel dich!«

II.

So dachte jener junge Spötter,
Vom Staub der Extrapost umwallt,
Der nach dem Rat olympischer Götter
Als letztverbliebner Erbe galt. –
Ihr Freunde von Rusláns Geschichten
Könnt auf Prologe wohl verzichten;
Gestattet, daß ich euch schon hier
Mit meinem Helden konfrontier:
Mein Freund Onegin war geboren
An den Gestaden der Newá,
Der Leser stammt wohl selbst von da
Oder erwarb sich dort die Sporen;
Dort hab auch ich geliebt, gezecht:
Nur, mir bekommt der Norden schlecht.

III.

Sein Vater diente adlig-ehrlich,
Verlebte das, was er versetzt,
Gab dreimal einen Ball alljährlich
Und brachte alles durch zuletzt.
Jewgeni war das Los gewogen:
Zuerst hat ihn *madame* erzogen;
Dann übernahm *monsieur* das Kind,
Das lebhaft war, doch gutgesinnt.
Monsieur l'abbé, ein arm Französchen,
Nahm Rücksicht auf des Kindes Herz,
Betrieb den Unterricht als Scherz,
Gab die Moral in leichten Döschen,
Schalt es für Streiche nicht zu arg
Und führt' es aus im Sommerpark.

IV.

Als für Jewgeni dann begonnen
Der Jugend Unrast, die so reich
An Hoffnungen und Wehmutswonnen,
Verjagte man *monsieur* sogleich.
Frei ist nun endlich mein Onegin,
Läßt modisch sich die Haare legen,
Und hat, als *dandy* kostümiert,
Der großen Welt sich präsentiert.
Französisch sprach er recht manierlich,
Es ging ihm leicht von Mund und Hand,
Mazurka tanzt' er elegant,
Und grüßte alle sehr natürlich;
Was braucht es mehr fürs Etikett:
»Begabt und ausgesprochen nett!«

V.

Ein bißchen lernten wir ja alle
Wohl irgendwas und ungefähr,
So ist, gottlob, in unserm Falle
Mit Bildung glänzen gar nicht schwer.
Onegin war, wie viele dachten
(Die strenge Richtermienen machten),
Ein kluges Haus, dabei Pedant,
Und doch so glücklich und gewandt,
Sich zwanglos im Gespräch zu zeigen,
Leichthin zu streifen jedes Stück,
Mit hochgelehrtem Kennerblick
Bei ernsten Themen stillzuschweigen,
Und brachte Damen mühelos
Zum Lächeln mit ein paar Bonmots.

VI.

Latein ist aus der Mode heute,
Doch, um die Wahrheit zu gestehn,
Er konnte, wie so manche Leute,
Genug, ein Motto zu verstehn,
Von Juvenalis klugzuschwätzen,
Ein *vale!* untern Brief zu setzen,
Und wußte, nicht genau jedoch,
Zwei Verse der Äneïs noch.
Er grub nicht gerne in dem toten
Historien-Foliantenstaub
Und war für Weltgeschichte taub:
Doch alter Zeiten Anekdoten
Von Romulus zu uns herauf
Bewahrt' er im Gedächtnis auf.

VII.

Nichts ahnend vom erhabnen Leiden,
Das Leben opfert für Gesang,
Vermocht er nie zu unterscheiden
Den Jambus- vom Trochäusklang.
Er schalt Homer und Theokrit aus,
Doch kannt er sich bei Adam Smith aus
Und kam als Ökonom sehr weit,
Das heißt, er urteilte gescheit,
Was einem Staat zum Reichtum nütze,
Wovon er lebt, und warum er
Des Goldes nicht bedürfe mehr,
Wenn er das *Rohprodukt* besitze.
Sein Vater, der das nie verstand,
Verpfändete sein ganzes Land.

VIII.

Was sonst Jewgeni alles wußte,
Fehlt durchzugehn mir Zeit und Spaß,
Doch wo Genie er heißen mußte
Und echte Kennerschaft besaß,
Und was für ihn, solang er dachte,
Bemühung, Qual und Trost ausmachte,
Und worum sich von früh bis spät
Sein Müßiggang gelangweilt dreht –
Die süße Wissenschaft war's eben,
Die einst besungen hat Ovid,
Weshalb als Märtyrer er schied
Aus seinem glanzbewegten Leben
In Bessarabiens Steppensand,
Fern von Italiens Heimatstrand.

IX.

. . . .
. . . .
. . . .
. . . .
. . . .
. . . .
. . . .
. . . .
. . . .
. . . .
. . . .
. . . .
. . . .
. . . .

X.

Wie früh verstand er schon zu heucheln,
Vor Eifersucht fast zu vergehn,
Sich ein- und Mißtraun fortzuschmeicheln,
Bald schroff, bald leidend auszusehn,
Stolz mit Devotheit zu vereinen,
Bald aufmerksam, bald kalt zu scheinen!
Wie war sein Schweigen sehnsuchtsschwer,
Wie flammend war beredsam er,
Und wie gelöst in Herzensbriefen!
Wie selbstvergessen konnt er sein,
Nahm eines nur sein Trachten ein!
Wie war sein Blick voll zarter Tiefen,
Verschämt und frech, und notfalls leicht
Auch auf Bestellung tränenfeucht!

XI.

Wie wußt er, sich stets neu zu geben,
Im Scherz die Tugend zu schockiern,
Zu schrecken durch Verzweiflungsbeben,
Mit Komplimenten zu charmiern,
Zu spähn nach schwachen Augenblicken,
Verstand und Glut ins Feld zu schicken,
Wo Unschuld Vorbehalte macht;
Auf Zufallszärtlichkeit bedacht,
Erhörung zu erflehn, zu fordern,
Vom ersten Herzenstone an
Der Liebe nachzustellen, dann
Ein heimlich Treffen zu beordern...
Und dann, im stillen Kämmerlein,
Sie pädagogisch zu betreun!

XII.

Wie früh schon konnte er erregen
Die Herzen aller leichten Fraun!
War ihm jedoch daran gelegen,
Rivalen übers Ohr zu haun,
Wie wußt er, welches Wort verletze!
Wie lockt' er sie in seine Netze!
Doch manch ein tumber Ehemann
Blieb ihm befreundet auch noch dann:
So mocht ihn der verschlagne Gatte,
Der lebte, wie's Faublas gelehrt,
Der Alte, den Verdacht verzehrt,
Und der, der prächtige Hörner hatte,
Zufrieden mit sich selbst, genau
Wie mit dem Essen und der Frau.

XIII. XIV.

. . . .
. . . .
. . . .
. . . .
. . . .
. . . .
. . . .
. . . .
. . . .
. . . .
. . . .
. . . .
. . . .
. . . .

XV.

Oft räkelt er sich noch gemächlich
Im Bett: da bringt man Kärtchen rein.
Was? Einladungen? Ja, tatsächlich,
Drei Häuser laden abends ein:
Ein Ball, ein Hausfest für die Kinder.
Wohin begibt sich wohl mein Sünder?
Und wo beginnt er? Einerlei:
Zu schaffen sind ja alle drei.
Zunächst, gekleidet für den Morgen
Mit einem breiten *Bolivar,*
Fährt mein Onegin zum Boulevard,
Dort zu flanieren ohne Sorgen,
Bis, nimmerschlummernd unterm Kleid,
Die Uhr erklingt zur Essenszeit.

XVI.

Schon dämmert's: auf zum Schlittenwagen!
Und »Platz da! Platz da!« schallt es laut.
Froststaub hat seinen Biberkragen
Mit Silberglitzern übertaut.
Rasch zu *Talon*: Er könnte schwören,
Dort wartet schon sein Freund Kawerin.
Er kommt herein: Der Korken knallt,
Der Elfer aus der Flasche wallt,
Vor ihm steht *roastbeef* blutbefeuchtet,
Und Trüffeln, Jugendschlemmertum,
Und Frankreichs höchster Küchenruhm,
Und Straßburger Pastete leuchtet
Nebst Limburgs Käse unter Glas
Und einer goldnen Ananas.

XVII.

Noch lechzt der Durst nach neuen Bechern,
Denn heiß war der Kotelette Fett,
Da sagt die Uhr ins Ohr den Zechern,
Daß schon begonnen das Ballett.
Als Ehrenbürger der Kulissen
Und manch bezaubernder Aktricen
Vergötterer für kurze Frist,
Als böser Bühnenspezialist
Eilt dort Onegin hin, wo jeder
Der Freiheit frischen Hauch genießt,
Den *entrechat* mit Beifall grüßt,
Auszischt Kleopatra und Phädra,
Moïna rausruft (daß man ja
Bemerkt: auch er ist wieder da).

XVIII.

O Zauberland! dort wo Fonwisin
Einst glänzte, der satirisch kühn
Als Freund der Freiheit sich bewiesen,
Und der gelehrige Knjaschnin,
Dort hatte Oserow die Spende
Der Tränen und gerührten Hände
Geteilt mit der Semjonowa,
Katenin ließ erstehen da
Corneilles Genie in neuem Glanze,
Dort schuf Komödien reihenweis
Die spitze Feder Schachowskois,
Dort kam Didelot zum Ruhmeskranze,
Dort im Kulissenschatten, dort
War meiner Jugend liebster Ort.

XIX.

Ihr, meine Göttinnen, wo seid ihr?
Daß euch mein Klageruf erreich:
Seid ihr's denn noch? sind andre seither
An eurer Statt, doch euch nicht gleich?
Hör je den Klang ich eures Chores,
Erblick ich Rußlands Terpsichores
Beseeltes Schweben noch einmal?
Oder wird mir vielleicht zur Qual
Ein Schaustück, das ihr nicht mehr zieret,
Und werd' ich mein enttäuscht Lorgnett
Dann wandern lassen durchs Parkett,
Weil mich das Lustspiel ennuyieret,
Und nur noch wortlos gähnen gar,
Gedenkend, wie es früher war?

XX.

Der Saal ist voll, die Logen funkeln;
Parterre und Sessel summt und lebt;
Ganz oben klatscht man schon im Dunkeln,
Bis rauschend sich der Vorhang hebt.
Hellschimmernd, halb aus Luft gewoben,
Vom Zauberton emporgehoben,
Von ihrer Nymphenschar umschwirrt,
Steht die Istomina; sie rührt
Nur leicht mit einem Fuß den Boden,
Indes der andre langsam dreht,
Und da: ein Sprung, und da: sie weht,
Weht fort wie Flaum vorm Äolsodem;
Bald sinkt sie vor, bald schnellt sie auf
Und trippelt flink im Spitzenlauf.

XXI.

Applaus rauscht auf. Da kommt Onegin,
Stelzt über Beine durch die Reihn
Und stellt sein Opernglas verwegen
Auf fremder Damen Logen ein;
Sein Blick streift alle Ränge oben;
Sowohl Gesichter wie Garderoben,
So stellt er fest, sind ihm ein Graus,
Er tauscht mit Herren Grüße aus,
Um auf die Bühne dann zu blicken
Eher zerstreut als konzentriert,
Schaut weg und gähnt – und konstatiert:
»Man sollte sie nach Hause schicken;
Didelots Ballett war niemals toll,
Doch jetzt hab ich die Nase voll.«

XXII.

Noch springt und schlingt den bunten Reihen
Der Putten, Teufel, Drachen Chor;
Noch liegen schlafende Lakaien
Auf Pelzen vor dem Eingangstor;
Noch trampelt man und will kein Ende,
Schneuzt, hustet, zischt, klatscht in die Hände;
Noch leuchtet heller Lampenschein
Von drinnen raus, von draußen rein;
Noch stampfen frierend vor den Wagen
Die Pferde, die am Zaumzeug zerrn,
An Feuern schimpfen auf die Herrn
Die Kutscher, die die Arme schlagen:
Onegin aber ist schon raus;
Er fährt, sich umzuziehn, nach Haus.

XXIII.

Genügt wohl meine Schildrungsgabe,
Daß ich die Klause malen kann,
Wo sich der Mode Musterknabe
Erst auszieht und dann wieder an?
All das, wonach uns Lust anwandelt,
Womit das eitle London handelt,
Und was es übers Baltenmeer
Für Speck und Holz schickt zu uns her,
All das, was in Paris an Neuem
Der hungrige Geschmack gewußt,
Sich selbst zum Nutzen, uns zur Lust,
An Luxus-Mode-Narreteien –
All das hatt' hier im Boudoir
Der Philosoph von achtzehn Jahr':

XXIV.

Bernstein an Stambuls Pfeifenenden,
Fayence und Bronze auf dem Tisch,
Verwöhnten Sinnen Lust zu spenden,
Kristallflacons, Parfümgemisch;
Stahlfeilen, Kämme für die Härchen,
Gebogene und grade Scherchen
Und Bürsten, dreißig Sorten schier,
Für Denti- wie für Manikür.
Rousseau (um das hier anzufügen)
Schockiert' es, daß der große Grimm
Die Nägel sich geputzt vor ihm,
Der so beredsam wie verstiegen
Für Freiheit eintrat und für Recht;
Doch hier hat er durchaus nicht recht.

XXV.

Man kann sehr wohl die Nägel pflegen
Und dennoch stehen seinen Mann:
Lohnt's, mit der Zeit sich anzulegen?
Die Mode ist der Welt Tyrann.
In seiner Kleidung war Onegin
Der neidischen Rivalen wegen,
Ganz wie Tschadajew, ein Pedant;
Wir nannten sowas damals Fant.
Drei Stunden konnten ihm kaum reichen,
Wenn er vor Spiegeln tätig war,
Und kam er aus dem Boudoir,
War er der Venus zu vergleichen,
Die flatterhaft, in Männertracht,
Zum Maskenball sich aufgemacht.

XXVI.

Da, nach dem letzten Schrei gekleidet,
Er Ihre Neugier schon erregt,
Hätt mancher Kenner sich geweidet,
Beschrieb' ich nun auch, was er trägt;
Doch ist's gewagt, wenn ich das mache;
Zwar ist Beschreiben meine Sache,
Doch *Frack, Gilet* und *Pantalon* –
Kein Wort ist russisch doch davon;
Und zudem seh ich und bekenne,
Daß ohnehin mein dürftiger Stil
Zu bunt ist, weil ich gar zuviel
Mit Wörtern fremden Stamms benenne,
Wiewohl ich einst gewälzt genug
Mein Akademisch Wörterbuch.

XXVII.

Uns geht es hier um andre Fragen:
Zum Ballsaal laßt uns eilen jetzt,
Wohin bereits im Droschkenwagen
Onegin sich in Trab gesetzt.
Vor den verschlafnen Silhouetten
Der Häuser schlingen sich zu Ketten
Die doppelten Laternenreihn
Der Kutschen, deren heitrer Schein
Den Schnee in Kreisen überflimmert;
Von Fensterlämpchen rings umkränzt
Ein prächtiges Gebäude glänzt,
Durch dessen große Scheiben schimmert,
Wenn auch im Schattenumriß bloß,
Die Damenwelt mit ihren Beaus.

XXVIII.

Da, unser Held ist angekommen,
Schon hat er, am Portier vorbei,
Die Marmorstufen flugs genommen,
Das Haar geordnet, eins, zwei, drei;
Tritt ein. Im Saale – welche Menge;
Verstummt sind die Trompetenklänge;
Eine Mazurka ist im Gang;
Ringsum ist Lärm, Gewühl und Drang;
Der Gardereiter Sporen klirren;
Manch holder Dame Füßchen schwingt
So, daß es heiße Blicke zwingt,
Ihm wie verzaubert nachzuirren,
Und Geigenschluchzen übertönt,
Was Frauenflüstern neidisch höhnt.

XXIX.

Im Alter, wo die Wünsche brennen,
War ich auf Bälle ganz verrückt:
Kein Ort ist, Liebe zu bekennen,
Billetts zu tauschen, so geschickt.
Darum, o ehrenwerte Gatten,
Wollt euch zu dienen mir gestatten,
Nehmt euch zu Herzen, was ich sag,
Vielleicht, daß es euch warnen mag.
Auch ihr, Mamáchen, paßt doch bitte
Den Töchtern etwas strenger auf:
Faßt fester die Lorgnette am Knauf!
Daß nicht... daß nicht, was Gott verhüte!
Mit gutem Grund schreib ich das her,
Wenn ich auch selbst nicht sündige mehr.

XXX.

O weh! Ich hab für derlei Freuden
An Leben viel vertan und Zeit!
Und würden nicht die Sitten leiden,
Ich liebte Bälle auch noch heut.
Ich lieb der Jugend wildes Schäumen,
Den Glanz, die Enge in den Räumen,
Der Damen Kleider, klug gewählt,
Und ihre Füßchen; nur, man quält
Sich in ganz Rußland wohl vergebens,
Zu finden drei Paar schlanke Füß'.
Ach! Lange nicht vergaß ich dies,
Dies eine Paar ... Zeit meines Lebens
Bleibt mir's im Sinn, und wenn ich träum,
Sucht es mein kaltes Herz noch heim.

XXXI.

Wann, wo, in welcher Wüstenweite
Wirst du es je vergessen, Tor?
Wo, Füßchen, Füßchen, seid ihr heute?
Wo tretet ihr den Frühlingsflor?
Im milden Osten groß geworden,
Habt ihr auf tristem Schnee im Norden
Nie hinterlassen eine Spur:
Die lustvolle Berührung nur
von Teppichen war euch Erquickung.
Wie lang ist's her, daß ich für euch
Vergaß die Ruhmsucht und zugleich
Das Vaterland und die Verschickung?
Das Glück der jungen Jahre schwand –
Wie eure leichte Spur im Sand.

XXXII.

Dianens Brust, die Wangen Florens,
Ihr lieben Freunde, reizen sehr!
Jedoch das Füßchen Terpsichorens
Reizt mich doch irgendwie noch mehr.
Indem's dem Blick prophetisch kündet,
Wo unschätzbarer Lohn sich findet,
Lenkt es mit Stellvertretercharme
Der Wünsche eigenwilligen Schwarm.
So lieb ich es, mein Schatz Elwine,
Vom langen Tischtuch halbverhüllt,
Im Lenz, vom Wiesengras umspielt,
Am Winterabend vorm Kamine,
Auf spiegelndem Parkett im Saal,
Auf Meeresklippen wild und kahl.

XXXIII.

Noch denk ich an den Sturm, die Stelle:
Wie neidisch war ich auf die Flut,
Die tosend anstürmt Well um Welle
Und ihr zu Füßen liebend ruht!
Wie wünscht ich, mit den Wogengüssen
Die süßen Füße da zu küssen!
Nein, nie, selbst in der tollsten Zeit
Heißblütig junger Sinnlichkeit
Trieb mich so quälendes Verlangen
Nach der Armiden jungem Mund,
Nach zartentflammtem Wangenrund,
Nach Brüsten, die voll Sehnsucht prangen;
Nein, nie hat Sturm der Leidenschaft
So meine Seele fortgerafft!

XXXIV.

Ein andres Mal bleibt unvergessen!
Oft halt ich noch im Traum als Pfand
Den Bügel, bis sie aufgesessen,
Und fühl ihr Füßchen in der Hand...
Und neu brennt Phantasieverführung,
Und neu entzündet die Berührung
Im welken Herzen mir das Blut,
Und neue Sehnsucht, Liebesglut!...
Doch meine Leier hat zu lange
Die Stolzen schwatzhaft schon geehrt;
Sie sind der Leidenschaft nicht wert
Noch ihres Lobes im Gesange:
Der Zauberinnen Blick und Gruß
Sind trügerisch ... ganz wie ihr Fuß.

XXXV.

Was treibt Onegin? Halb schon träumend
Fährt er zum Schlafen heim vom Ball:
Doch Petersburg, stets lebensschäumend,
Ist schon geweckt mit Trommelschall.
Der Kaufmann kommt, Laufjungen preschen,
Zur Börse streben die Kaleschen,
Die Milchfrau schleppt die Kanne mit,
Der Frühschnee knirscht, wohin sie tritt.
Des Morgens trauter Lärm erwachte.
Auf sind die Läden, und gemach
Steigt blauer Rauch empor vom Dach,
Der Bäcker, deutsch und pünktlich, machte
Papierbemützt schon zum Verkauf
Sein *vasistas* ein paarmal auf.

XXXVI.

Doch vom Tumult des Balls ermattet,
Verwandelnd Tag in tiefe Nacht,
Schläft still und angenehm beschattet
Das Kind der Lustbarkeit und Pracht.
Nachmittags wacht er auf, da lauert
Dies Leben, das bis morgens dauert,
Schon wieder: bunt, des Wechsels bar,
Und morgen so, wie's gestern war.
Konnt' er sich dabei glücklich fühlen,
So frei, so jung und so verwöhnt,
So oft von leichtem Sieg bekrönt
In täglichen Genusses Spielen?
War er bei alledem im Grund
Zwar unvorsichtig, doch gesund?

XXXVII.

Nein: früh schon sein Gefühl vereiste;
Der Lärm der Welt ward ihm zuviel;
Nicht lang um junge Schönen kreiste
Sein Sinnen als gewohntes Ziel;
Treubrüche wurden ihm verdrießlich,
Auch Freunde und die Freundschaft schließlich,
Denn wirklich konnt er ja nicht stets
Straßburgs Pasteten und Koteletts
Mit Strömen Sektes übergießen
Und geistreich sein auf Schritt und Tritt,
Auch wenn er unter Kopfweh litt;
Obzwar nicht zögernd, sich zu schießen,
Zuletzt ging auch die Lust vorbei
Am Gang auf Säbel oder Blei.

XXXVIII.

Die Krankheit, deren Grund zu kennen
Wir sollten mühen uns schon lang,
Die Engelländer *Spleen* benennen,
Chandrá auf russisch (Grillenfang),
Begann ihn langsam zu ergreifen;
Zwar ließ sie ihm, gottlob, nicht reifen
Den Plan, sich etwas anzutun,
Doch ward er kalt zum Leben nun.
Childe Harold gleich, verschlossen, trübe,
Erschien er oftmals im Salon;
Kein Klatsch der Welt und kein Boston,
Kein Blick, kein Seufzer selbst der Liebe
Berührten ihn noch angenehm,
Nichts nahm er wahr von alledem.

XXXIX. XL. XLI.

. . . .
. . . .
. . . .
. . . .
. . . .
. . . .
. . . .
. . . .
. . . .
. . . .
. . . .
. . . .
. . . .
. . . .

XLII.

So ließ er euch als erste fahren,
Die launisch walten im Salon;
Und wirklich ist in unsren Jahren
Recht langweilig der feinre Ton;
Wenn manche Damen auch des näh'ren
Uns Bentham oder Say erklären,
Ist ihr Gespräch doch allgemein
Zwar harmlos, doch zu hören Pein;
Zudem sind sie so frei vom Übel,
So voller Würde und so klug,
So ehrbar, so voll Recht und Fug,
So umsichtig und so penibel,
So unzugänglich für den Mann:
Der *Spleen* kommt, sieht man sie nur an.

XLIII.

Und ihr, ihr Hübschen, Jungen, Feschen,
Die ihr, wenn tief die Nacht sich neigt,
Euch in verwegenen Kaleschen
Auf Petersburger Pflaster zeigt,
Auch euch ließ mein Jewgeni sausen.
Abschwörend des Genusses Brausen
Blieb er im häuslichen Asyl,
Griff gähnend nach dem Federkiel,
Doch bei der Arbeit auszuharren,
War ihm zu lästig – kein Gedicht
Bracht' seine Feder je ans Licht;
So stieß er nicht zur Zunft der Narren,
Doch wag ich hier kein Urteil mehr,
Dieweil ich selbst dazugehör.

XLIV.

Erneut dem Nichtstun preisgegeben,
Der innern Leere zu entfliehn,
Plant er in lobenswertem Streben
Aus fremdem Geist Gewinn zu ziehn;
Er füllt die Borde des Regales
Und liest und liest – umsonst ist alles:
Nur Langeweile, Trug und Wahn;
Gewissen hier, Sinn dort vertan;
Beschränkt sind alle, nur verschieden;
Das gute Alte ist vergreist,
Alt ist, was Wahn als Neuheit preist.
Und wie die Frauen er gemieden,
Zog er der Bücher staubigen Chor
Nun zu mit einem Trauerflor.

XLV.

Der Last der Konvention entronnen,
Wie er vom leeren Treiben fern,
Hab ich ihn da zum Freund gewonnen.
Ich mochte manches an ihm gern,
Den Hang, in Träume abzugleiten,
Die nichtkopierten Seltsamkeiten,
Des kühlen Witzes scharfe Wehr.
Ich war verbittert, mürrisch er;
Die Leidenschaft erfuhrn wir beide;
Das Leben schien uns beiden leer;
Nichts wärmte unsre Herzen mehr;
Wir wähnten uns nur noch vom Neide
Fortunas und der Welt gejagt,
Als unser Morgen kaum getagt.

XLVI.

Wer lebt und denkt, der muß im Innern
Verachtung für die Menschen nährn;
Wer fühlt, muß bebend sich erinnern
Der Tage, die nicht wiederkehrn:
Den wird kein holder Zauber fangen,
Ihn werden der Erinnrung Schlangen
Zernagen und der Reue Zahn.
All das verleiht bisweilen dann
Nicht wenig Reiz auch seiner Rede.
Erst fand Onegins Sprache ich
Empörend, doch gewöhnt ich mich
Bald an sein Sticheln in der Fehde,
Den Scherz, halb gallig und halb süß,
Und die makabren Aperçus.

XLVII.

Wie haben wir gar manche Male,
Wenn durchsichtig die Sommernacht
Mit ihrer hellen Himmelsschale
Die heitre Newa überdacht,
Und sich Diana scheu verborgen,
Gedenk verfloßner Liebessorgen,
Gedenk verfloßner Liebeslust,
Empfindsam wieder, leichter Brust,
Uns an des linden Nachthauchs Welle
In tiefer Schweigsamkeit ergötzt!
So wie vom Traum ins Grün versetzt
Der Häftling wird aus seiner Zelle,
So schweiften träumend wir zurück
Zu unsrer Jugend erstem Glück.

XLVIII.

Dann lehnt Jewgeni voll Bedauern,
Die Seele melancholisch trüb,
An den granitnen Ufermauern,
Wie ein Poet sich einst beschrieb.
Rings ist es still; nur Wer-da-Rufer
Und Postenschritt am Newaufer,
Und eine Droschke rumpelt schwer
Fern von der Millionna her;
Ein Boot nur treibt mit Ruderschwingen
Auf dem verschlafnen Strom dahin;
Von fern her fesselt unsern Sinn
Ein Hörnerklang, ein Liedersingen...
Doch süßer hallt in heitrer Nacht
Torquatos Reimoktavenpracht!

XLIX.

Ihr adriatischen Gestade,
O Brenta! nein, ich *muß* euch sehn
Und, neu erfüllt von Geistesgnade,
Den Zauber eures Worts verstehn!
Es ist Apollos Enkeln heilig;
Von Albions stolzer Leier freilich
Ist mir's vertraut, ist mir's verwandt.
Ach, an Italiens goldnem Strand
Wird schmeichelnd mich die Nacht umgeben,
Wenn mit Venedigs Töchterlein,
Das reden kann und schweigsam sein,
Wir in geheimer Gondel schweben;
Mein Mund lernt von dem ihren dort
Petrarcas und der Liebe Wort.

L.

Kommt einmal meiner Freiheit Stunde?
's ist Zeit, 's ist Zeit! – ich ruf nach ihr;
Ich geh am Meer, schau in die Runde
Und lock die Segel her zu mir.
Wann werd im Sturm, im Wogenstreite,
Hinaus auf freie Meeresbreite
Ich endlich lenken meinen Lauf?
Zeit wär's, ich gäb das Ufer auf
Des Elements, das mir zuwider,
Und erst in mittäglicher Flut,
Mein Afrika, in deiner Glut,
Gedächt ich seufzend Rußlands wieder,
Wo ich geliebt, gelitten hab,
Wo ich mein Herz gesenkt ins Grab.

LI.

Mit mir zusammen war Onegin
In fremdes Land zu gehn bereit,
Doch wurden von des Schicksals Schlägen
Wir bald getrennt für längre Zeit.
Sein Vater war gestorben grade,
Und ihn umringten ohne Gnade
Die Kreditoren haufenweis.
Mag jeder handeln, wie er's weiß:
Ihm war verhaßt das Prozessieren,
Er ließ, ergeben ins Geschick,
Die Erbschaft ihnen Stück für Stück,
Einbuße schien er kaum zu spüren,
Vielleicht hat er auch schon gewußt,
Daß bald der Onkel sterben mußt'.

LII.

Und prompt schickt alsbald an den Erben
Der Gutsverwalter den Rapport,
Sein Onkel liege schon im Sterben
Und hätt ihn gern zum Abschied dort.
Nach so betrüblicher Lektüre
Macht eilig sich im Postkuriere
Jewgeni auf zum Stelldichein
Und gähnte schon im vorhinein,
Als er des Geldes wegen schickte
Zu Seufzen und Betrug sich an
(Und so begann ja mein Roman);
Doch als er ankam, da erblickte
Den Onkel er schon aufgebahrt
Und fertig für die letzte Fahrt.

LIII.

Er fand den Hof voll von Lakaien;
Von allenthalben warn vereint,
Die sich auf ein Begräbnis freuen,
Des Hingegangnen Freund und Feind.
Man setzte bei des Onkels Reste.
Es schmausten Geistlichkeit und Gäste
Und gingen würdig fort sodann,
Als hätten sie was Rechts getan.
Onegin herrscht nun über Länder,
Fischteiche, Wälder, Brennerein,
Und – war er auch bisher allein
Ein Feind der Ordnung, ein Verschwender –
Ist froh, statt des Gewohnten nun
Mal etwas anderes zu tun.

LIV.

Zwei Tage warn ihm neu die Felder,
Die tiefe Einsamkeit umzieht,
Die Kühle dunkler Eichenwälder,
Des Baches leises Murmellied;
Am dritten reizten Hügel, Änger
Und Haine ihn schon nicht mehr länger;
Dann machten sie ihn schläfrig gar;
Und alsbald sah er völlig klar:
Er war im Dorf genauso sauer,
Gab es auch Karten, Ball, Gedicht
Und Straßen und Paläste nicht.
Der Überdruß lag auf der Lauer
Und lief ihm nach genausogut,
Wie's Schatten oder Gattin tut.

LV.

Ich war geboren für die Stille
Ländlicher Abgeschiedenheit:
Der Leier Klang gewinnt dort Fülle,
Der Schöpfertraum Lebendigkeit.
Harmlosen Zeitvertreibes Feier
Ist mir der Gang am öden Weiher,
Far niente ist mein Tageslauf.
An jedem Morgen wach ich auf,
Der Freiheit Süße zu erfahren,
Ich lese wenig, schlafe lang,
Mir ist um flüchtigen Ruhm nicht bang.
Fand ich nicht so in frühren Jahren
Im Schatten, keinem Tun geweiht,
Die glückgesegneteste Zeit?

LVI.

Landleben, Blumen, Liebe, Muße,
Felder! Mein Herz gehört nur euch.
Und stets vermerk ich mit Genusse,
Worin ich nicht Onegin gleich',
Auf daß kein Leser sich mokiere
Und kein Verleger der Papiere,
Die die Verleumdung ausgeheckt,
Wenn meine Züge er entdeckt,
Behaupte lästerlich und kläglich,
Ich malte hier mein Selbstporträt
Wie Byron – eignen Werts Poet –,
Ganz so, als wär es uns nicht möglich,
Was andrem Versgestalt zu leihn
Als ausgerechnet uns allein.

LVII.

Und übrigens sind alle Dichter
Gern Liebesträumen untertan.
Mir träumten oftmals die Gesichter
Von Mädchen, deren Bild alsdann
Die Seele heimlich festgehalten,
Bis sie erweckt der Muse Walten:
So sang ich, unbedacht, sie all,
Der Berge Kind, mein Ideal,
Salgirs Gefangene im Schleier.
Und ihr, o Freunde, haltet heut
Gar oft die Frage mir bereit:
»Um wen denn seufzet deine Leier?
Wem bringst du deine Lieder dar
Aus eifersüchtiger Mädchen Schar?

LVIII.

Wes Blick denn lächelte Gewährung,
Wer hat den Elegienton
Belohnt mit Hoffnung auf Erhörung?
Wen hob dein Vers auf Götterthron?«
Ach, Freunde, niemand! Ich kann's schwören!
Der Liebe Wahnsinn und Betören
Ich ungetröstet stets empfand.
Glückselig, wer damit verband
Das Reimefieber: Er verdoppelt
Den heiligen Wahn der Dichtung nur
Und hat so, auf Petrarcas Spur,
Mit Herzenströstung sie gekoppelt,
Und er gewinnt dabei noch Ruhm;
Doch ich war, liebend, blöd und stumm.

LIX.

Danach erst kam der Musen Stunde,
Wenn's wieder klarer wurde drin.
Frei such ich wieder nach dem Bunde
Von Zauberklang, Gefühl und Sinn.
Ich schreib, das Herz ist frei von Qualen,
Die Feder rutscht nicht aus, zu malen
Dort, wo noch fehlt der Zeilenschluß,
Ein Köpfchen, einen Frauenfuß;
Nichts facht mehr an der Asche Schwele,
Ich traure, aber wein nicht mehr,
Und bald, bald wird der Stürme Heer
Sich gänzlich legen in der Seele:
Dann schreib ich euch an einem Stück
Ein Epos, zwanzig Bände dick.

LX.

Schon dacht ich an die Form des Planes
Und wie ich wohl den Helden nenn;
Doch vorerst laßt mich des Romanes
Kapitel eins beenden denn:
Hab alles strengstens durchgesehen;
Viel Widersprüche blieben stehen,
Doch ändern mag ich jetzt nichts mehr,
Bald fällt der Zensor drüber her,
Ich überlaß den Zeitungstoren
Die Früchte meiner Müh zum Fraß:
So geh denn zur Newa fürbaß,
Du Werk, das eben erst geboren,
Verdien mir dort des Ruhms Tribut:
Fehldeutung, Mißgunst, Lärm und Wut.

ZWEITES KAPITEL

O rus!... *(Horaz)*

O Rus!*

* O Landleben!...
O altes Rußland!

I.

Das Gut, auf dem mein Freund nun hockte,
War ein recht hübsch gelegner Ort;
Wen harmloser Genuß verlockte,
Der dankte wohl dem Himmel dort.
Das Herrenhaus stand abgelegen
Am Hügelhang, des Windes wegen,
Hoch über einem Bach. Davor
Erstreckten sich in buntem Flor
Goldgelbe Felder, grüne Matten,
Auch Dörfer blinkten fern und nah,
Und Herden streiften hie und da,
Und weithin dehnte dichte Schatten
Ein großer, ungepflegter Park,
Der trauernde Dryaden barg.

II.

Gar würdig war das Schloß errichtet,
Wie Schlösser man errichten soll:
Verständig Stein auf Stein geschichtet,
Altväterisch und ruhevoll.
Die Räume hoch und kaum betreten,
Im Speisezimmer Stofftapeten,
Der Zaren Bilder an der Wand
Und Ofenkacheln, bunt gebrannt.
Veraltet heißt das heutzutage,
Nur weiß ich nicht so recht, wieso;
Mein Freund war jedenfalls nicht so,
Daß ihn bedrängte diese Frage;
Der Langeweile war's egal,
Ob modisch oder nicht der Saal.

III.

Er nahm sich das Gemach zur Bleibe,
Wo vierzig Jahr der Edeling
Sich zankte mit dem Schaffnerweibe,
Am Fenster saß und Fliegen fing.
Schlicht war dort alles: Eichenbänke,
Ein Tisch, ein Plüschsofa, zwei Schränke,
Und nirgends Tintenkleckse drauf.
Onegin schloß die Schränke auf:
Im einen stand bis an die Ränder
Likör und Süßmost, Krug an Krug,
Im andern lag beim Rechnungsbuch
Von Anno acht noch ein Kalender:
Der Alte, als ein Mann der Pflicht,
Gebrauchte andre Bücher nicht.

IV.

Allein auf seiner Landdomäne,
Um zu vertreiben sich die Zeit,
Ersann Jewgeni anfangs Pläne
Von ungewohnter Neuigkeit.
Als Philosoph in wüsten Breiten
Hat er das Joch der Fronarbeiten
Durch eine leichte Pacht ersetzt;
Der Sklave pries sein Schicksal jetzt.
Der Nachbar, der geschäftlich dachte,
Geriet darob aus Rand und Band,
Weil er das furchtbar schädlich fand;
Ein andrer wieder hämisch lachte,
Und alle sagten wie im Chor,
Daß höchst gefährlich dieser Tor.

V.

Zunächst besuchten ihn noch alle,
Doch da am Hofausgang man schon
Gesattelt hielt in jedem Falle
Für ihn den Traberhengst vom Don,
Sobald man vorne nur vernommen,
Daß wieder Nachbarskutschen kommen –
Hat, über solchen Brauch empört,
Bald jede Freundschaft aufgehört.
»Der Nachbar ist verrückt, ein Flegel,
Ein Farmason; er trinkt allein
Aus Wassergläsern roten Wein;
Küßt nie die Hand, sagt in der Regel
Kein höflich Wort, nur ›ja‹ und ›nein‹« –
So hieß das Urteil allgemein.

VI.

Sein Dorf bezog zur gleichen Stunde
Ein neuer Gutsbesitzer da,
Der Anlaß gab, daß in der Runde
Man gleichfalls kritisch ihn besah:
Ein Jüngling in der schönsten Blüte,
Der Kant las und für Dichtung glühte.
Wladimir Lenski hieß der Mensch;
An Seele wahrhaft göttingensch,
Bracht er aus Deutschlands Nebeln mit sich
Die Früchte der Gelehrsamkeit:
Den Traum von freier, beßrer Zeit,
Den Geist recht sonderbar und hitzig,
Der Rede stets erhabnen Klang
Und schwarze Locken schulterlang.

VII.

Von der verderbten Welt Gemeinheit
War er noch nicht verdorrt zum Glück,
So wärmte seiner Seele Reinheit
Noch Freundesgruß und Mädchenblick;
Als reiner Tor in Herzensdingen
Entschwebte er auf Hoffnungsschwingen;
Und was mit Neuheit lärmt und gleißt,
Das fesselt seinen jungen Geist;
Und wenn sein Herz in Zweifeln stockte,
Hielt er's mit süßen Träumen hin;
Der Sinn des Lebens war für ihn
Ein Rätsel, das ihn stets verlockte,
Worüber oft und lang er sann
Und Wunder was vermutet dann.

VIII.

Er glaubte, daß sich einen müsse
Ihm eine Seele seiner Art,
Daß sie, die es nur noch nicht wisse,
Schon täglich trostlos seiner harrt;
Er glaubte, seiner Ehre wegen
Ließ' Freundschaft sich in Ketten legen,
Die ohne Furcht die Hände regt
Und den Verleumder niederschlägt,
Er glaubte, daß Erwählte leben,
Die heilige Menschenfreunde sei'n;
Daß ihr unsterblicher Verein,
Von sieghaft hehrem Licht umgeben,
Uns irgendwann einmal erhellt
Und Heil und Segen schenkt der Welt.

IX.

Empörungswallen, Mitleidsbeben,
Zum Edlen reine Liebesglut
Und quälend süßes Ruhmesstreben
Erregten frühe schon sein Blut.
Er zog hinaus als ein Poete
Ins Land von Schiller und von Goethe,
Aus deren Dichtungsfeuer stammt,
Was seiner Seele Brand entflammt;
Und der erhabnen Musen Werke
Hat der Beglückte nie entehrt:
Sein Lied erhielt sich unversehrt
Erhabener Gefühle Stärke,
Des Traumes jungfräuliche Kraft
Und Reiz, den ernste Einfalt schafft.

X.

Er sang die Liebe, Liebe spürend,
Und dabei war sein Lied so rein
Wie Mädchendenken, schlicht und rührend,
Wie Kinderträume, wie der Schein
Der Göttin stiller Himmelsweiten,
Die Seufzer liebt und Heimlichkeiten;
Er sang auch Harm und Trennung gern,
Und *ungewiß* und *nebelfern*,
Und Rosen, und romantisch Sehnen;
Er sang die Lande fern und hehr,
Wo lang im Schoß der Stille er
Vergossen hatte heiße Tränen;
Er sang des Lebens Welke gar,
Als er noch nicht ganz achtzehn war.

XI.

In dieser Öde, wo Onegin
Allein vermocht ihn zu verstehn,
War ihm an Festen nichts gelegen,
Wie sie die Nachbarn rings begehn;
Er floh vor ihrem lauten Schwätzen.
In ihren nüchtern-klugen Sätzen
Von Branntwein, Hundezucht und Heu
Und von Familienstreiterei
Konnt es natürlich wenig geben
An Feingefühl und Dichtungsbrand,
An Geistesblitzen und Verstand,
Zu kurz kam auch die Kunst zu leben;
Doch ihrer Fraun Beredsamkeit
War noch weit weniger gescheit.

XII.

Bei Lenskis Äußrem und Vermögen
Lud man als »Künftigen« ihn ein,
Wie's auf dem Land die Eltern pflegen;
Ein jeder sah sein Töchterlein
Dem *halben Deutschen* schon versprochen;
Wo er erscheint, wird angesprochen
Sogleich dies Thema: Man erzählt,
Wie doch ein Hagestolz sich quält;
Man bittet ihn zum Samoware,
Den Tee schenkt Dunja ein sodann,
Man flüstert: »Schau ihn dir gut an!«
Dann bringt man auch noch die Gitarre,
Und sie legt piepsend los (o Gott!):
Komm zu mir in die güldne Grott!...

XIII.

Doch Lenski, dem es selbstverständlich
Gebrach an Lust zum Eheband,
Ersehnt den Tag, an dem er endlich
Onegin näher wird bekannt.
Sie fanden sich. Nicht Stein und Fluten,
Nicht Vers und Prosa, Eis und Gluten
Sind von Natur so sehr entzweit.
Erst störte die Verschiedenheit
Ihr gegenseitiges Erkennen,
Dann fanden sie Gefallen, dann
Traf man sie täglich reitend an,
Und bald warn sie nicht mehr zu trennen.
So schließt man (ich gesteh's, auch ich)
Oft Freundschaft, weil man langweilt sich.

XIV.

Selbst solche Freunde sind noch selten.
Uns hemmt kein Vorurteil mehr, keins,
Daß alle uns als Nullen gelten,
Und nur wir selber als die Eins.
Wir werden zu Napoleonen;
Zweibeiniger Wesen Millionen
Sind nur noch Mittel unsrer Macht;
Gefühle werden ausgelacht.
Jewgeni war da noch erträglich;
Und wenn er auch die Menschen kannt'
Und allgemein verächtlich fand –
Doch (Ausnahmen sind immer möglich)
Manch einen hat er sehr geschätzt
Und fremdes Fühlen nicht verletzt.

XV.

Mit Lächeln ließ er Lenski sprechen.
Des Dichters Rede, wie sie glüht,
Sein Geist, im Urteil noch mit Schwächen,
Sein Blick, der stets Begeistrung sprüht –
Neu war das alles für Onegin;
Er hütet sich, zu widerlegen
Den Freund mit Worten kalt und starr,
Und denkt: ich wäre doch ein Narr,
So kurze Seligkeit zu rauben;
Das kommt dereinst auch ohne mich;
Mag er des Lebens freuen sich
Und an der Welt Vollendung glauben;
Steht doch dem Jugendfieber an
Die Jugendglut, der Jugendwahn.

XVI.

Sie hatten ständig Stoff zum Streiten,
Der reizte ihre Urteilskraft:
Verträge frühster Menschheitszeiten,
Und Gut und Böse, Wissenschaft,
Uralter Vorurteile Mauer,
Des Grabs geheimnisvolle Schauer,
Des Menschen Leben und Geschick
Ward unterworfen der Kritik.
Dem Dichter konnt's geschehn im Eifer,
Daß er das Thema ganz vergaß
Und nordische Poeme las;
Jewgeni, nachsichtig und reifer,
Lauscht dann, obgleich er's kaum verstand,
Dem Jüngling dennoch angespannt.

XVII.

Doch öfter warn's die Leidenschaften,
Die meiner Klausner Sinn umkreist.
Entronnen ihren bangen Haften,
Erwähnte sie Onegin meist
Mit einem Seufzer des Bedauerns.
Beglückt, wer, teilhaft ihres Schauerns,
Am Ende ihnen sich entwand;
Beglückter, wer sie nie gekannt,
Wer Liebe durch Entfernung kühlte,
Feindschaft durch Schimpfen; und wer flau
Sich nur verhielt zu Freund und Frau,
Die Qual der Eifersucht nicht fühlte,
Und seiner Ahnen Kapital
Dem Karo As nicht anbefahl.

XVIII.

Wenn wir uns flüchten zur Standarte
Der Ruhe und Besonnenheit,
Wenn Glut der Leidenschaft erstarrte
Und man zu lächeln ist bereit
Ob ihres eigenwilligen Wallens
Und etwas späten Widerhallens,
Das mühsam man gebracht zur Ruh,
Dann hört man manchmal gerne zu
Berichten fremder Liebesleiden,
Und unser Herz fühlt wieder mit.
So leiht ein alter Invalid
Sein aufmerksames Ohr mit Freuden
Im halbvergeßnen Kämmerlein
Der jungen Krieger Prahlerein.

XIX.

Dagegen ist die Glut der Jugend
Nichts zu verheimlichen imstand.
Haß, Liebe, Trauer, Freude, Tugend
Wird ausgeplaudert und bekannt.
Als Liebesinvalid sich fühlend
Vernimmt Onegin, Würde spielend,
Wie, Herzensbeichten zugeneigt,
Der Dichter seine Seele zeigt;
Zutraulich, ohne sich zu wahren,
Legt er ihm sein Gewissen bloß.
So kann Jewgeni mühelos
Der Liebe jungen Lauf erfahren
Aus überschwenglichem Bericht,
Dem es an Neuheit nur gebricht.

XX.

Er liebte, wie in unsern Tagen
Man nicht mehr liebt; wie ganz allein
Des Dichters Seele, wahngeschlagen,
Zu lieben kann verurteilt sein:
Allzeits, allorts das gleiche Wähnen,
Des gleichen Wunschs gewohntes Sehnen,
Des gleichen Leids gewohnte Qual.
Nicht der Entfernung kühles Tal,
Nicht langer Trennungsjahre Haften,
Nicht Musendienst geweihte Zeit,
Nicht fremder Länder Herrlichkeit,
Nicht Festlärm und nicht Wissenschaften
Veränderten die Seele sein,
Die brannte jungfräulich und rein.

XXI.

Als Knabe schon bestrickt von Olga,
Mit Herzensqual noch nicht vertraut,
Hat er gerührt ihr in der Folge
Beim Kinderspiel oft zugeschaut;
Im Schutz und Schatten treuer Eichen
Nahm oft er teil an ihren Streichen,
Ihr Vater sah im Nachbarssohn
Den Bräutigam der Tochter schon.
Sie blühte in dem stillen Fleckchen
Voll Reiz, wie ihn die Unschuld beut,
Und nur zu ihrer Eltern Freud
Heran gleichwie ein Maienglöckchen,
Das, scheu im tiefen Gras versteckt,
Nicht Schmetterling noch Bien' entdeckt.

XXII.

Sie war es, die dem Dichter brachte
Des Jugendtraumes erstes Loh'n
Und die in seinem Geist entfachte
Der Flöte ersten Seufzerton.
Ade nun, goldne Kinderspiele!
Von nun an liebt er Waldeskühle,
Wo Einsamkeit und Stille wohnt,
Die *Nacht*, die *Sterne* und den *Mond*,
Den Mond, die hehre Himmelsleuchte,
Der wir vorzeiten oft geweiht
Den Gang in dunkler Abendzeit
Und tränenselige Herzensbeichte...
Doch heute sehn wir in ihm nichts
Als den Ersatz des Lampenlichts.

XXIII.

Bescheiden und stets brav-ergeben,
Stets heiter wie der Morgen ist,
Einfältig wie des Dichters Leben
Und süß, wie wenn die Liebe küßt,
Zwei Augen von des Himmels Bläue,
Ein Lächeln, Locken, flachsblond-treue,
Den Gang, die Stimme, die Statur,
Hat Olga alles ... nehmt doch nur
Den gängigsten Roman, gewißlich
Gibt's dort ihr Bild: Es ist gar schön.
Ich mocht es selbst einst gerne sehn,
Doch heute find ich's ungenießlich.
Erlaubt mir drum, o Leser mein,
Der ältren Schwester mich zu weihn.

XXIV.

Sie hieß Tatjana ... alle Wetter!
Der Name schmückt zum erstenmal
Eines Romanes zarte Blätter
Dank unsrer eigenwilligen Wahl.
Na und? Man kann ihn klangvoll nennen;
Gewiß ist nicht von ihm zu trennen
Ein Hauch von Altertümlichkeit
Und Mägderaum! Doch es wird Zeit
Einzugestehn, daß selbst für Namen
Uns jeglicher Geschmack gebricht
(Von Versen reden wir schon nicht);
Bei uns bleibt taub der Bildung Samen,
Und der Erfolg des Unterrichts
Ist Affektiertheit – weiter nichts.

XXV.

Nun gut, Tatjana hieß sie eben.
Sie lud nicht wie ihr Schwesterlein
Mit Schönheit oder blühendem Leben
Die Blicke zum Verweilen ein.
Verschwiegen, traurig, unzugänglich,
Wie eine Hindin scheu und bänglich,
Wirkte bei Sippe und Gesind
Sie fast wie fremder Leute Kind.
Es lag ihr nicht, sich anzuschmiegen
Bei ihrem lieben Elternpaar;
Als Kind war in der Kinderschar
Sie kaum zu Spiel und Sprung zu kriegen
Und saß oft tagelang herum
Allein am Fenster, still und stumm.

XXVI.

Versonnenheit, ihr treu verbunden
Und von der Wiege an gewöhnt,
Hat ländlich lange Mußestunden
Mit Träumereien ihr verschönt.
Ihre verwöhnten Finger nahmen
Die Nadel nie; gebeugt zum Rahmen
Belebte sie kein Leinentuch
Mit Seidenmustern Zug um Zug.
Als Zeichen, daß sich Herrschsucht rühret,
Übt mit der braven Puppe schon
Das Kind im Spiel den guten Ton,
Der als Gesetz die Welt regieret,
Und wiederholt ihr mit Bedacht,
Was ihm die Mami beigebracht.

XXVII.

Doch hat sogar als kleines Mädchen
Tatjana Puppen nie berührt;
Hat über Moden, Klatsch vom Städtchen
Mit ihnen kein Gespräch geführt.
Auch Kinderstreiche warn mitnichten
Nach ihrem Sinne: Spukgeschichten
Und dunkler Winternächte Mär
Bezauberten ihr Herz viel mehr.
Und wenn die Njanja all die Rangen
Der Nachbarschaft zu Olgas Spaß
Zusammenrief zum Spiel im Gras,
Spielt' sie nicht mit Versteck und Fangen,
Gelangweilt nur von dem Geschrei,
Dem Kichern und der Balgerei.

XXVIII.

Sie liebte es, auf dem Balkone
Dem Nahn des Frührots zuzusehn,
Wenn in der blaßren Himmelszone
Die Sterne nach und nach vergehn
Und sacht der Horizont sich lichtet,
Ein Wehn vom Morgen schon berichtet,
Und dann der Tag allmählich steigt.
Im Winter, wenn sich länger neigt
Die Nacht auf unsre Hemisphäre,
Und wenn noch länger still und schwer
Im mondbeglänzten Nebelmeer
Der Osten schläft in träger Schwere,
Hat sie, wie immer früh erwacht,
Zum Aufstehn Kerzen angemacht.

XXIX.

Früh warn Romane ihr Vergnügen;
Nur ihrer war sie wirklich froh;
Und sie verliebt' sich in die Lügen
Von Richardson und von Rousseau.
Ihr Vater war ein guter, später
Verfloßnen Säkulums Vertreter;
Doch hat er Bücher nie verflucht,
Und selbst zu lesen nie versucht,
Hielt er sie nur für eitle Spiele
Und kümmerte sich nicht darum,
Was nachts für ein Kompendium
Die Tochter hegte unterm Pfühle.
Und seine Frau war selber schon
Verrückt gemacht von Richardson.

XXX.

Sie nämlich liebte Richardsonen
Nicht, weil sie ihn gelesen hätt.
Nicht etwa, weil sie Grandisonen
Fand eher als Lovelacen nett;
Doch hatte einst Prinzeß Aline,
Die moskowitische Cousine,
Ihn oftmals schwärmerisch gelobt.
Sie selbst war damals schon verlobt,
Nur wollte sie den Mann nicht haben;
Sie seufzte einem andern nach,
Der ihrem Wunsch viel mehr entsprach
Mit Herzens- wie mit Geistesgaben:
Ihr Grandison war stadtbekannt
Als Spieler, Fant und Leibsergeant.

XXXI.

Gleich ihm war sie gewohnt zu tragen
Stets alles kleidsam und modern;
Doch ohne sie auch nur zu fragen,
Schleppt' man sie zum Altar des Herrn.
Und daß ihr Gram sich rasch verteile,
Fuhr ihr verständiger Mann in Eile
Mit ihr aufs Land, wo sie Gott weiß
Geriet in was für einen Kreis,
Erst hielt sie's kaum noch aus hienieden,
Ums Haar verließ sie ihren Mann,
Dann nahm sie sich der Wirtschaft an,
Gewöhnte sich und ward zufrieden.
Gewohnheit ist ein Himmelsschatz:
Des Glückes wirksamer Ersatz.

XXXII.

Gewohnheit ward des Grames Stillung,
Der lange noch unbändig tost;
Doch eine wichtige Enthüllung
Verschaffte ihr bald vollen Trost:
Denn zwischen Mittagsruh und Küche
Kam sie auf die geheimen Schliche,
Wie man den Mann selbstherrlich lenkt,
Und schon war alles eingerenkt.
Im Felde nach dem Rechten sehen,
Zum Winter Pilze mariniern,
Buchführen, Köpfe kahlrasiern,
Am Samstag in die Sauna gehen,
Die Mägde prügeln in der Wut –
All das ging ohne ihn sehr gut.

XXXIII.

Schrieb sie mit Blut voreinst von Minne
Ins Album zarter Mägdelein,
Nannte Praskowja stets *Pauline*
Und sang beim Reden hoch und fein,
Trug das Korsett sehr eng geschnüret,
Sprach, wie's französisch nur gebühret,
Das *N* auch russisch durch die Nas',
So änderte sich nun all das:
Album, Korsett, Prinzeß Aline,
Empfindsamer Gedichtchen Band
Vergaß sie gänzlich, und sie nannt'
Akulka wieder die *Céline*
Und hat als Haustracht eingeführt
Kapott und Schlafrock, warm wattiert.

XXXIV.

Doch liebte herzlich sie der Gatte,
Der ihre Pläne nicht durchdrang,
Unendliches Vertrauen hatte
Und selbst im Schlafrock aß und trank.
Geruhsam plätscherte sein Leben;
An manchem Abend schauten eben
Die lieben Nachbarn noch vorbei,
Die ohne alle Ziererei
Gern etwas jammern, etwas hetzen
Und über manches spotten gern.
Und da die Nacht schon nicht mehr fern,
Muß Olga bald den Tee aufsetzen;
Man ißt, und schon ist Schlafenszeit,
Die Gäste gehen – Schluß für heut.

XXXV.

So haben sie in stillem Kreise
Der Ahnen lieben Brauch bewahrt;
Zur Butterwoche wurde weise
Bei Flinsen nicht mit Fett gespart;
Zweimal im Jahr zur Beichte gehen,
Im Karussell sich lustig drehen,
Das liebten sie wie Tanz und Sang;
Zu Pfingsten aber, wenn zu lang
Dem Volk die Messe und beschwerlich,
Dann quetschten sie drei Tränen aus
Voll Rührung überm Morgenstrauß;
Kwaß war zum Leben unentbehrlich,
Beim Essen trug man jeden Gang
Den Gästen auf nach Stand und Rang.

XXXVI.

Und so sind beide alt geworden,
So öffneten sich denn zuletzt
Vor dem Gemahl des Grabes Pforten,
Und neuen Kranz empfing er jetzt.
Er starb kurz vor der Mittagsstunde,
Beweint von Nachbarn in der Runde,
Den Kindern und dem Ehgespons
Aufrichtiger als mancher sonst.
Er war ein schlichter, guter Barin,
Und dort, wo seine Reste ruhn,
Verkündet eine Inschrift nun:
Der arme Sünder Dmitri Larin
Des HErren Knecht und Brigadier,
Ging ein zum ewgen Frieden hier.

XXXVII.

Seinen Penaten neu geschenket
Fand sich Wladimir Lenski ein
Am Male, das des Nachbarn denket,
Ein Seufzen dessen Staub zu weihn,
Und weilte lange, ehrlich trauernd.
»Poor Yorick« – sagte er erschauernd –,
»Er hielt mich einst auf seinem Arm.
Wie spielt' als Kind ich ohne Harm
Mit seinem Türkenfeldzug-Orden!
Wo er doch Olga mir versprach
Und fragte: Seh ich noch den Tag?...«
Und aufrichtig gerührt geworden
Entwarf Wladimir dort am Mal
Ihm ein Gedächtnismadrigal.

XXXVIII.

Und ebendort hat unter Zähren
Er eine Inschrift hergestellt,
Der Eltern Staub damit zu ehren...
O weh! Den Acker dieser Welt
Darf, nach geheimer Vorsicht Willen,
Die Menschenernte kurz nur füllen,
Sie sprießt, sie reift, sie sinkt hinab,
Und eine andre löst sie ab ...
So wächst, lärmt, regt sich in der Runde
Auch unser windiges Geschlecht
Und weist zum Grab der Ahnen Recht.
Es kommt, es kommt auch unsre Stunde,
Die Enkel haben, eh man's denkt,
Auch uns zur Welt hinausgedrängt.

XXXIX.

Vorläufig freut euch des Getoses,
Des leichten Lebens, Freunde, nur!
Ich kenne wohl sein Wesenloses
Und häng an ihm mit dünner Schnur;
Für Schemen schloß ich meine Lider;
Doch regt das Herz mir hin und wieder
Entfernter Hoffnungsschimmer auf:
Zu traurig wär's, den Erdenlauf
Ganz ohne Spur zu End zu bringen.
Ich leb und schreib zwar nicht für Ruhm,
Doch gäb ich offenbar was drum,
Mein traurig Los so zu besingen,
Daß, wie ein Freund, der mich noch liebt,
Ein Ton von mir noch Zeugnis gibt.

XL.

Der könnte dann ein Herz noch rühren,
Ihm gönnte das Geschick Verbleib,
Und Lethe würde nicht entführen
Vielleicht die Strophe, die ich schreib;
Vielleicht (o schmeichelhaftes Hoffen!)
Wird einst ein Ignorant getroffen,
Der zeigt auf mein berühmt Porträt
Und spricht: Das war noch ein Poet!
So sei denn meines Dankes sicher,
Du, dem der Musen Sang gefällt,
Und du, der im Gedächtnis hält
Dereinst noch meine leichten Bücher
Und dessen Hand wohlwollend gern
Den Lorbeer zaust dem alten Herrn!

DRITTES KAPITEL

Elle était fille, elle était amoureuse.*
(Malfilâtre)

* Sie war ein Mädchen, sie war verliebt.

I.

»Wohin? Mit Dichtern sich zu plagen!«
– »Leb wohl, Onegin, du verstehst...«
»Ich halt dich nicht, doch darf man fragen,
Wohin du jeden Abend gehst?«
– »Zu Larins.« – »Ach, das freut mich ehrlich.
Wird dir das denn nicht zu beschwerlich,
So totzuschlagen Tag um Tag?«
– »Kein bißchen.« – »Das begreif, wer mag.
Ich seh von hier aus, was da los ist:
Zum ersten (habe ich nicht recht?)
Ein biedres russisches Geschlecht,
Das in der Gastbewirtung groß ist,
Viel Mus, und andre Themen nie,
Als Regenwetter, Flachs und Vieh...«

II.

– »Als wenn das nun so schrecklich wäre!«
»Freund, schrecklich ist: man langweilt sich.«
– »Ich hasse die mondäne Leere;
Ein trautes Heim ist mehr für mich,
Da kann ich...« – »Wieder die Idyllen!
Verschone mich, um Gottes willen!
Du fährst schon los? Bedauerlich.
Ach, sag mal, Lenski, könnte ich
Die Phyllis mal zu sehn bekommen,
Das Urbild deiner Verse da,
Von Tränen, Traum *et cetera*?...
Stell mich doch vor!« – »Im Ernst?« – »Vollkommen.«
– »Mit Freuden.« – »Wann?« – »Warum nicht heut?
Sie sind dort sicher hocherfreut.

III.

Steig ein!« –
Schon sind sie losgefahren,
Sind da; man überhäuft sie beid'
Mir dem oft lästigen Gebaren
Altväterischer Gastlichkeit.
Man kennt ja diese Rituale:
Da gibt es Mus in flacher Schale,
Aufs Wachstuch wird ein Krug gestellt,
Der Preiselbeerensaft enthält.
. . . .
. . . .
. . . .
. . . .
. . . .

IV.

Indem sie jeden Umweg meiden,
Fahrn unsre Helden eilends heim.
Wir wollen das Gespräch der beiden
Jetzt mal belauschen insgeheim:
»Du gähnst, Onegin, will mir scheinen?«
»Gewohnheit, Lenski.« – » Möchte meinen,
Heut wär es mehr?« – »Durchaus nicht. Nein.
Die Dunkelheit bricht schon herein;
Fahr zu, Andrjuscha, brauch die Rute!
Welch eine dumme Landschaft hier!
Die alte Larina, scheint mir,
Ist wirklich eine Herzensgute;
Daß nur der Preiselbeerensaft
Mir nachher nicht Beschwerden schafft.

V.

Sag, welche ist denn nun Tatjana?«
– »Die, die so traurig und so blaß
Und auch so schweigsam wie Swetlana
Hereinkam und am Fenster saß.«
»Und du, du magst die Jüngre leiden?«
– »Ja, und?« – »Ich wählte von den beiden
Die Ältre, wenn ich Dichter wär.
Die Züge Olgas sind so leer,
Wie sie van Dycks Madonnen haben:
So hübsch, so rund und so gewohnt
Wie dieser dumme runde Mond
Am dummen Horizont heut abend.«
Wladimir sprach ein trocknes Wort
Und schwieg den ganzen Weg hinfort.

VI.

Indessen ward Onegins Kommen
Zu Larins bald von Hof zu Hof
Mit großem Staunen wahrgenommen
Und bot den Nachbarn Redestoff.
Das galt es, sich zurechtzureimen.
Gemutmaßt wurde im geheimen,
Man spielte scherzhaft darauf an:
Gewiß würd er Tatjanas Mann;
Ja, etliche sogar erzählten,
Die Hochzeit sei schon festgesetzt
Und nur noch aufgeschoben jetzt,
Weil noch moderne Ringe fehlten.
Die Hochzeit Lenskis aber war
Für alle längst schon sonnenklar.

VII.

Tatjana hört' es, sie erboste
Dies Munkeln; doch, mit sich allein,
Gereicht' ihr die Idee zum Troste,
Sie fiel ihr oft von selber ein
Und ist im Herzen wach geblieben;
Die Zeit war reif, sie mußte lieben.
So wird das Korn, im Grund versteckt,
Vom Frühlingsfeuer aufgeweckt.
Längst lechzten ihre Phantasien,
Durchglüht von süßem Ungemach,
Verhängnisvoller Speise nach;
Längst ließ der Sehnsucht dumpfes Ziehen
Die junge Brust ihr schwerer gehn;
Die Seele harrt' ... auf irgendwen.

VIII.

Nicht lange... Sie begann zu sehen;
Sie sprach es aus: Er muß es sein!
Kein Tag und keine Nacht vergehen,
Kein Schlummer, glühend und allein,
Bleibt ohne Ihn; aus allen Dingen
Scheint zauberstark zu ihr zu dringen
Nur immer Er. Auf einmal stört
Sie's, wenn sie nette Worte hört
Und sieht besorgter Diener Blicke.
Mit ihrer Schwermut nur befaßt,
Beachtet sie jetzt keinen Gast,
Und sie verwünscht die Plauderclique,
Ihr Kommen, plötzlich wie der Blitz,
Und ihren dauerhaften Sitz.

IX.

Wie aufmerksam sie die Romane
Jetzt liest und süße Tiefen schürft,
Wie lebhaft sie im Zauberwahne
Verführerischen Trug dort schlürft!
Die von beglücktem Traumeswalten
Beseelt ersonnenen Gestalten:
Der Liebling der Julie Wolmar,
Malek-Adhèl und de Linar,
Und Werther, wilder Held der Schmerzen,
Und Grandison, so beispiellos,
Der uns verhilft zum Gähnen bloß,
Sind ihrem zarten Träumerherzen,
Als wären sie ein einzig Bild,
Das in Onegin sich erfüllt.

X.

Indem sie glaubt, die Heroine
Der Dichter, die sie liebt, zu sein,
Clarissa, Julia, Delphine,
Schweift sie im stillen Wald, allein
Des Buchs Gefahren überlassen,
Darin sie sucht und glaubt zu fassen
Ihr heimlich Glühn, ihr Traumgesicht,
Wie's übervollem Herz entspricht,
Ihr Seufzen scheint den Schmerz zu melden
Fremden Entzückens, Fremden Leids,
Auswendig flüstert sie bereits
Den Brief an den geliebten Helden...
Doch unser Held, wer war er schon?
Nun, ganz gewiß kein Grandison.

XI.

Mit würdevollen Stilallüren
Pflegte der Autor seinerzeit
Uns seinen Helden vorzuführen
Als Muster der Vollkommenheit.
Und dabei gab er zum Geschenke
Dem Opfer ungerechter Ränke
Ein gar empfindsam zartes Herz,
Und Geist, und Schönheit allerwärts.
Voll Glut des reinsten Liebesbrandes,
Stets von Begeisterung beschwingt,
Der Held sich gern zum Opfer bringt,
Und gegen Schluß des letzten Bandes
Wird stets dem Laster heimgezahlt,
Dieweil bekränzt das Gute strahlt.

XII.

Heut schreibt man neblicht und verschwommen,
Moral regt uns zum Gähnen an,
Das Laster aber ist willkommen,
Schon triumphiert's – auch im Roman.
Der Britenmuse Schauermären
Den Schlaf der Jünglingin betören,
Und zu Idolen wurden ihr
Der melancholische Vampir,
Melmoth, der finstere Gehetzte,
Der Ewige Jude, der Korsar,
Der rätselschwangere Sbogar.
Mit Trüb-Romantischem versetzte
Lord Byron recht erfolgreich doch
Selbst hoffnungslose Ichsucht noch.

XIII.

Was, Freunde, soll dies ganze Treiben?
Vielleicht besinnt der Himmel sich
Und läßt mich nicht mehr Verse schreiben,
Ein neuer Teufel reitet mich,
Mag Phöbus auch bedrohlich winken,
Zur biedren Prosa abzusinken;
Und ein Roman im alten Stil
Wird meines Lebensabends Ziel.
Nicht grimmig will ich da berichten,
Was den Verbrecher heimlich quält,
Da werden einfach nacherzählt
Alte Familiengeschichten,
Der Liebe Traumbefangenheit,
Die Sitten unsrer alten Zeit.

XIV.

Ich wiederhol, was ungezwungen
Der Vater oder Onkel sprach,
Begleit zum Stelldichein die Jungen
Beim alten Lindenbaum am Bach,
Laß sie von Eifersucht verzehren,
Sich trennen, weinen, wiederkehren,
Erneut sich zanken, und zum Schluß
Sich finden vorm Altar im Kuß...
Der Worte, die die Lust versüßen,
Und jener, die die Sehnsucht leiht,
Gedenk ich dann, die seinerzeit
Zu irgendeiner Schönheit Füßen
Ich selbst so leicht hervorgestöhnt
Und mir inzwischen abgewöhnt.

XV.

Tatjana, die mir lieb und teuer!
Ich weine mit dir, tief bewegt;
Hast einem Modeungeheuer
Dein Schicksal in die Hand gelegt.
Mein Kind, das wird entsetzlich enden;
Doch erst wird Hoffnung dich verblenden,
Du rufst nach dunkler Seligkeit,
Du wirst zum Leben süß bereit,
Du trinkst das Zaubergift Verlangen,
Du wirst verfolgt von deinem Traum:
Du stellst dir vor, in jedem Raum
Wink dir das Glück, ihn zu empfangen;
Verhängnisvoll, auf Schritt und Tritt,
Geht dein Versucher mit dir mit.

XVI.

Die Sehnsucht treibt Tatjana wieder,
Zum Trauern in den Park zu gehn,
Sie schlägt die starren Augen nieder,
Bleibt plötzlich unentschlossen stehn,
Ihr Busen hebt sich, ihre Wangen
Erglühn, als ob sie Feuer fangen,
Im Mund erstirbt der Atemhauch,
Es summt im Ohr, es tanzt vorm Aug ...
Bald wird es Nacht; der Mond umschreitet
Als Wächter still das Himmelsrund,
Die Nachtigall im Waldesgrund
Melodischen Gesang verbreitet.
Tatjana schläft im Dunkeln nicht,
Kaum hört die Njanja, was sie spricht:

XVII.

»Ich kann nicht schlafen. Hörst du, Njanja?
Mach's Fenster auf, es ist so schwül!
Setz dich zu mir!« – »Was ist dir, Tanja?« –
»Erzähl mir irgendwas, gleichviel ...«
– »Ja was denn, Tanja? Ach, vor Jahren,
Da konnt ich viel im Kopf bewahren,
Was so die alten Märchen sind,
Vom bösen Geist, vom Königskind;
Doch nun ist's dunkel, liebe Seele,
Was ich gewußt, vergaß ich. Nein,
Es ist nicht schön, so alt zu sein!
Wie weggeblasen ...« – »Dann erzähle,
Wie es in deiner Jugend war:
Du warst doch auch verliebt, nicht wahr?«

XVIII.

– »Verliebt? Ach, Tanja, meine Güte!
Von Liebe sprach man damals nie;
Die Schwiegermutter, Gott behüte,
Hätt mich vom Hof gejagt, und wie!« –
»Und wie bist du zum Mann gekommen?«
– »Wie Gott es gab, hat man's genommen,
Wo doch mein Wanja jünger war,
Und ich, mein Kind, war dreizehn Jahr.
Zwei Wochen kam die Muhme täglich
Zu uns zum Werben, wie's halt Brauch,
Dann segnete mich Vater auch.
Ich hatte Angst und weinte kläglich,
Mit Jammern lösten sie mein Haar,
Und mit Gesang ging's zum Altar.

XIX.

Ein fremdes Haus und fremde Leute ...
Mein Schatz, du hörst ja gar nicht zu ...« –
»Ach, Njanja, ich bin traurig heute,
Bin übel dran, du Liebe, du:
Ich könnte weinen, könnte heulen! ...«
– »Kind, du bist unwohl; laß mich eilen,
Herrgott im Himmel, steh mir bei!
Was du auch willst, ich schaff's herbei ...
Will gleich geweihtes Wasser holen,
Du glühst ja ganz ...« – »Nein, Njanja, ich ...
Ich bin nicht krank: verliebt bin ich.«
– »Mein armes Kind, sei Gott befohlen!« –
Und sie bekreuzigte geschwind
Mit altersschwacher Hand das Kind.

XX.

»Ich bin verliebt«, gestand aufs neue
Tatjana leise und betrübt.
– »Du bist nicht wohl, bei meiner Treue.« –
»Nein, laß mich doch: ich bin verliebt.«
Indessen schien der Mond noch immer
Und taucht in seinen matten Schimmer
Tatjanas blasse Reize ein,
Nicht nur die offnen Haare, nein,
Auch ein paar Tränen, und im Eckchen,
Der jungen Heldin nahgerückt,
Die Alte auf der Bank, gebückt,
Im Kopftuch und im Wattejäckchen;
Und alles ruhte rings so still,
Wie der Gedankenfreund es will.

XXI.

Tatjana schaute herzverloren
Gar lange auf den Mond. Und da
War der Gedanke schon geboren ...
»Geh, laß mich jetzt alleine, ja?
Gib mir Papier und Feder rüber
Und rück den Tisch etwas herüber!
Ich geh zu Bett. Leb wohl!« – Allein!
Kein Laut. Als Licht nur Mondenschein.
Tatjana schreibt, halb aufgerichtet
Und stets Jewgenis Bild im Sinn,
Im unbedachten Briefe hin,
Was Unschuld liebend sich erdichtet.
Dann faltet sie's zusammen schön ...
Ach, Tanja! Weißt du auch, an wen?

XXII.

Ich kannte Schöne, die so sittlich,
So kalt, wie nur der Winter gleißt,
So unbestechlich, unerbittlich,
So unbegreiflich meinem Geist;
Bestaunte ihre Modejugend
Und ihre angeborne Tugend
Und floh vor ihnen, ich gesteh's,
Glaubt ich doch schaudernd oft, ich les'
Auf ihrer Stirn den Spruch der Hölle:
Laß alle Hoffnung nun zurück!
Abschrecken gilt für sie als Glück,
Geliebtsein als des Unglücks Quelle.
Mein Leser an der Newa Strand
Wohl auch dergleichen Damen fand.

XXIII.

Ich fand auch jene andern Damen,
Die, von Verehrern gern umringt,
Gleichgültig-stolz entgegennahmen,
Was Leidenschaft anbetend bringt.
Und was erkannte ich mit Staunen?
Sie, die mit ihren schroffen Launen
Zaghafte Liebe oft verschreckt,
Hatten sie spielend neu geweckt,
Und sei's auch nur, daß eine Wendung
Nach Mitleid klang, daß hier und dort
Sich milder angehört ein Wort,
Und in leichtgläubiger Verblendung
Lief der Verliebte, jung und schwach,
Dem lieben Nichts schon wieder nach.

XXIV.

Ist denn Tatjana mehr zu tadeln,
Weil holde Einfalt ihr erlaubt,
Ihr Traumgebild als wahr zu adeln,
Und sie ganz ehrlich daran glaubt?
Weil sie nur liebt, ohne Kalküle,
Gehorsam einzig dem Gefühle,
Weil so vertrauensselig sie,
Weil ihr der Himmel selbst verlieh
Die Phantasie, die leicht entzündet,
Den Geist, der niemals träg und still,
Den Kopf, der durchsetzt, was er will,
Das Herz, das heiß und zart empfindet?
Verzeiht man ihr denn wirklich nicht
Den Leichtsinn, der aus Liebe spricht?

XXV.

Versierte nutzen kalt die Triebe,
Tatjana liebt im Ernst, und blind
Ergibt sie ganz sich dieser Liebe
Und vorbehaltlos wie ein Kind.
Sie sagt nicht: Erst einmal verweigern –
Das wird den Preis der Liebe steigern,
So geht ins Netz er sicherlich:
Erst für die Eitelkeit ein Stich,
Damit er hoffen kann, dann gießen
Wir Zweifel ihm ins Herz, und dann
Heizen die Eifersucht wir an,
Sonst ist, gelangweilt vom Genießen,
Der schlaue Häftling jederzeit
Den Fesseln zu entfliehn bereit.

XXVI.

Hier stoß ich nun auf Schwierigkeiten:
Wenn mir der Heimat Ehre lieb,
Muß ich zur Übersetzung schreiten
Des Briefes, den Tatjana schrieb.
Ihr Russisch ist nie gut gewesen,
Journale hat sie nie gelesen,
So fiel der Ausdruck ihr bisher
In ihrer Muttersprache schwer.
Drum schrieb sie auf französisch eben ...
Was tun! Wie schon gesagt: bis heut
Ward unsrer Damen Lieb und Leid
Auf russisch noch nicht kundgegeben,
Denn unsre stolze Sprache sträubt
Sich, daß man sie prosaisch schreibt.

XXVII.

Ich weiß: man will die Damen quälen
Mit Russischlesen. – Unverstand!
Mich schaudert's, sie mir vorzustellen
Den *Wohlgesinnten* in der Hand!
Bezeugt es mir, Apollos Jünger;
Ist es nicht so: die lieben Dinger,
Für die, auf daß man euch vergibt,
Ihr heimlich eure Verse schriebt
Und denen euer Herz gewogen,
Beherrschten denn nicht alle sie
Ihr Russisch schwach und nur mit Müh
Und haben es so nett verbogen?
Und klang in ihrem Mund der Laut
Der fremden Sprache nicht vertraut?

XXVIII.

Man denke nur, ich träf beim Balle
Oder danach, bewahr mich Gott,
Studenten an im gelben Schale
Und Professoren im Kapott!
Erst Lächeln macht den Mund sympathisch,
Erst, wenn es nicht ganz stimmt grammatisch,
Kann ich am Russischen mich freun.
Vielleicht geschieht's zu meiner Pein,
Daß künftig unsre jungen Schönen
Noch der Journale Flehn erhörn,
Uns russische Grammatik lehrn
Und an Gedichte sich gewöhnen;
Doch ich ... was kümmert mich das heut?
Ich bleibe treu der alten Zeit.

XXIX.

Nachlässig-ungenaues Schwätzen,
Das nie von Regeln was gewußt,
Wird auch in Zukunft noch versetzen
In süße Wallung meine Brust;
Zur Reue mangelt mir die Stärke,
Und Gallizismen, wie ich merke,
Sind mir wie Jugendsünden lieb,
Wie das, was Bogdanowitsch schrieb.
Genug! Ich hab mich zu befassen
Jetzt mit dem Brief der Schönen mein;
Ich gab mein Wort, und nun?, ach nein,
Würd ich's am liebsten bleiben lassen.
Ich weiß: Parnys verliebter Stil
Gilt heutzutage nicht mehr viel.

XXX.

Sänger des »Fests« und dumpfer Leiden,
O wärst du noch mit mir vereint,
Bedrängte ich dich unbescheiden
Mit dieser Bitte, lieber Freund:
Im Zaubertone deiner Lieder
Bring uns aus fremder Sprache wieder
Die Worte der verliebten Maid.
Wo bist du? Komm, ich bin bereit,
Mein Anrecht dir zu überlassen ...
Doch zwischen Felsen öd und stumm
Und ganz entwöhnt von Lob und Ruhm,
Schweift er, wo Finnlands Himmel blassen,
Allein und unstet, und sein Herz
Kann nicht vernehmen meinen Schmerz.

XXXI.

Tatjanas Brief liegt vor mir eben;
Ich hüte ihn mit heiliger Scheu,
Ich les ihn mit geheimem Beben
Und muß ihn lesen stets aufs neu.
Wer war's, der sie so zärtlich machte,
Woher dies lieblich Unbedachte,
Von wem der Unsinn, der so rührt,
Wenn Herzenswahn die Rede führt,
Die reizend ist und doch gefährlich?
Ich kann es nicht verstehn. Doch hier
Die Übersetzung nun von mir,
Des Urbilds Abbild, blaß und spärlich,
So wie der Freischütz klingt, wenn ihn
Unsicher übt die Schülerin:

Tatjanas Brief an Onegin

Ich schreib an Sie – muß ich's begründen?
Sagt dies nicht mehr, als Worte tun?
Sie dürfen, wenn Sie's richtig finden,
Mich strafen mit Verachtung nun.
Doch wenn Sie etwas mitempfinden
Mit meinem traurigen Geschick,
So stoßen Sie mich nicht zurück.
Erst wollt ich's schweigend auf mich nehmen;
Sie hätten niemals, glauben Sie,
Mich so beschämt gesehen, nie,
Könnt ich nur hoffen, daß Sie kämen,
Nicht oft, nur einmal wöchentlich,
Und schauten rein; es freute mich,
Nur Ihre Stimme mal zu hören,
Ein Wort zu wechseln, und alsdann
Bei Tag und Nacht zu denken dran,
Dran denken, bis Sie wiederkehren.
Doch heißt es, Sie sind menschenscheu;
Hier draußen kann Sie nichts zerstreuen,
Wir ... bieten auch nicht viel; dabei
Würd Ihr Besuch uns ehrlich freuen.

Warum kam Ihr Besuch zustand?
Im Kreis vergeßner Landdomänen
Hätt ich Sie sonst doch nie gekannt,
Hätt nie gekannt dies bittre Sehnen.
Der unerfahrnen Seele Stöhnen
Hätt ich beruhigt und wohl gar
Den Freund, der zu mir paßt, gefunden,
Mich ihm als Gattin treu verbunden
Und Mutter seiner Kinderschar.

Ein Andrer! ... Nein! Niemand hienieden
Wär ich imstand mein Herz zu weihn!
Im höchsten Ratschluß ist's entschieden ...
Der Himmel will es: ich bin Dein;
Mein Leben war dafür verpfändet,
Daß Du mich triffst und löst es ein;
Ich weiß es: Gott hat Dich gesendet,
Mein Hüter bis ans Grab zu sein ...
Du bist mir oft im Traum erschienen,
Ich liebt Dich, eh ich Dich gesehn,
Dein Zauberblick ließ mich vergehn,
Und Deine Stimme klang tief innen
Mir längst ... das war kein Traum, viel mehr!
Kaum tratst Du ein, und ich erkannte,
Ich fühlte nichts mehr, ich entbrannte
Und sprach im Geiste: das ist Er!
Es stimmt doch, daß ich oft Dich hörte:
Sprachst Du mir nicht im stillen zu,
Wenn ich den Armen Brot bescherte
Und wenn ich im Gebet begehrte,
Daß meine Seele fände Ruh?
Und warst grad eben hier im Zimmer
Nicht Du das liebe Bild, der Schimmer,
Der, aus dem Dunkel aufgetaucht,
Zu meinem Kissen sanft sich neigte?
Warst Du's nicht, der mir Trost erzeigte
Und Lieb' und Hoffnung zugehaucht?
Wer bist Du? Engel, der mich hütet?
Versucher, der Verderben brütet?
Mach mich von meinem Zweifel frei.

Vielleicht ist gar nichts dran an allem,
Ist's nur naive Schwärmerei,
Und anders ist das Los gefallen?
Wie dem auch sei! Mein Schicksal will
Ich Dir ab heute anvertrauen;
Vor Dir vergieß ich Tränen still,
Laß mich auf Deinen Schutz nur bauen ...
Bedenke: Ich bin hier allein,
Kein Mensch ist da, der mich verstünde,
Und wenn ich keine Lösung finde,
Wird es mein stummes Ende sein.
Ich harre Dein: Mit *einem* Blicke
Laß Hoffnung neu ins Herz mir ziehn,
Wenn aber Vorwurf ich verdien,
Reiß meinen schweren Traum in Stücke!

Ich schließe! Schrecklich, was ich schrieb ...
Ich sterbe fast vor Scham und Grauen ...
Doch da mir Ihre Ehre blieb,
Will ich mich kühn ihr anvertrauen.

XXXII.

Tatjana fließt von Seufzern über,
Der Brief in ihren Händen bebt;
Die Zunge trocknet wie im Fieber,
Daß kaum das rosa Siegel klebt.
Wie sie das Köpfchen seitwärts neigte,
Glitt ab das leichte Hemd und zeigte
Der Schulter schimmerndes Oval ...
Doch schon begann des Mondes Strahl
Zu blassen. Und die Talesweite
Wird hell im Frühdunst. Und der Bach
Erfunkelt silbern; schon ruft wach
Das Hirtenhorn die Bauersleute.
Es tagt: Schon längst ist alles auf;
Tatjana achtet nicht darauf.

XXXIII.

Sie nimmt nicht wahr den Frührotschimmer,
Sitzt da, gesenkten Hauptes jetzt,
Hat das gravierte Siegel immer
Noch nicht auf ihren Brief gesetzt.
Da geht die Tür auf eine Spalte,
Es kommt Filipjewna, die Alte,
Mit dem Tablett und Tee darauf.
»Es ist schon Zeit, mein Kind, steh auf:
Ja was? Du bist schon angezogen?
Ei, so ein frühes Vögelein!
Und jagte solche Angst mir ein!
Doch jetzt ist es, gottlob, verflogen!
Von Krankheit keine Spur zu sehn.
So frisch und rot und morgenschön.«

XXXIV.

»Ach, Njanja, darf ich dich was bitten?«
– »Befiehl, mein Liebes, was du willst.« –
»Doch denk nicht ... weißt du ... nichts zu Dritten!
Ob du wohl meinen Wunsch erfüllst?«
– »Hab ich dir je was abgeschlagen?« –
»Nun gut. Dann laß den Brief hier tragen
Von deinem Enkel zu dem ... na ...
Du weißt, zu O... dem Nachbarn da ...
Der Bub soll keinem was erzählen,
Und daß er mich nicht etwa nennt ...«
– »Ach, wenn ich's nur erraten könnt.
Nein, wie mir die Gedanken fehlen!
Nachbarn gibt's hier wie Sand am Meer;
Wer zählte die schon alle her.«

XXXV.

»Ach, daß du gar nicht draufkommst, Njanja!«
– »Mein liebes Kind, ich bin halt alt,
Zu alt; schwer von Begriff schon, Tanja;
Ja, früher dacht ich manchmal: halt,
Versteh das Wort der Herrschaft richtig ...« –
»Ach Njanja, das ist doch nicht wichtig.
Hier kommt es nicht auf Scharfsinn an.
Es geht doch um den Brief nur an ...
Onegin.« – »Siehst du, das versteh ich,
Mein Schatz, sei mir nicht böse drum;
Weißt, manchmal bin ich schrecklich dumm ...
Du wirst ja wieder blaß, was seh ich?« –
»Nichts, Njanja, nichts; was hast du bloß?
Geh, schick jetzt deinen Enkel los.«

XXXVI.

Der Tag verging, kein Brief kam leider.
Am nächsten Tag – noch immer nichts.
Tanja zog früh schon an die Kleider
Und harrte bleichen Angesichts.
Olgas Verehrer war erschienen.
Die Mutter fragt: »Wie geht es Ihnen?
Wo steckt denn eigentlich Ihr Freund?
Hat uns vergessen, wie mir scheint.«
Tatjana bebt beim Wort der Alten.
– »Er sagte mir, er käme heut«,
Gibt Lenski der Mama Bescheid,
»Die Post hat ihn wohl aufgehalten.« –
Tatjana glüht und senkt den Blick,
Als fiel die Schuld auf sie zurück.

XXXVII.

Es dämmerte, am Tisch stand blitzend
Der Samowar und summte laut,
Den Chinateetopf miterhitzend,
Von Wölkchen leichten Dampfs umbraut;
Und Olgas Hand hat in die Tassen
In dunklem Strahle fließen lassen
Bereits den Tee, der herrlich roch,
Ein Diener reichte Sahne noch;
Tatjana mocht am Tisch nicht sitzen,
Sie stand am Fenster, haucht' es an
Und malte in Gedanken dann
Mit ihren hübschen Fingerspitzen
Auf die beschlagne Scheibe hin
Ein *O* mit einem *E* darin.

XXXVIII.

Die Seele schmerzte sie und harrte,
Ihr Sehnsuchtsblick war tränenfeucht.
Da: Pferdetrappeln! ... Sie erstarrte.
Ganz nah! ... Schon hat's den Hof erreicht ...
Jewgeni! – »Ach!« – In Blitzesschnelle
Ist Tanja draußen an der Schwelle,
Am Treppchen, in den Garten rein,
Sie läuft und läuft; nicht umschaun, nein,
Nur fort; sie ist in Augenblicken
Vorbei an Beeten, Brückchen, See,
Dem Wald, der Wiese, der Allee,
Im Flieder, dessen Zweige knicken,
Und fliegt durch Blumen hin zum Bach,
Und sinkt erschöpft mit einem Ach

XXXIX.

Dort auf die Bank ...
»Er ist gekommen!
Mein Gott, was er wohl von mir denkt!«
Ihr Herz, von Qualen noch benommen,
Am dunklen Traum der Hoffnung hängt.
Sie zittert, Glut will sie verzehren,
Sie wartet: Kommt er? – Nichts zu hören.
Nur Mägde waren ziemlich spät
Beim Beerenpflücken noch im Beet
Und sangen laut, wie sie geheißen.
(Und dies Geheiß hat seinen Grund,
Den nämlich, daß ihr Leckermund
Nicht in der Herrschaft Obst zu beißen
Imstande wär, solang er sang:
Ein Trick, der Bauernwitz entsprang!)

Lied der Mädchen

Mädchen, schön wie Milch und Blut,
Freundinnen, Gefährtinnen,
Kommt, wir wollen fröhlich sein,
Kommt, wir tanzen Ringelreihn!
Stimmt dazu das Liedchen an,
Unser Lied, das heimliche;
Lockt den jungen Burschen her,
Her zu unserm Reigentanz!
Haben wir ihn hergelockt,
Sehn wir ihn von ferne stehn,
Laufen auseinander wir,
Werfen ihn mit Kirschen dann,
Kirschen und Johannisbeern,
Und mit roten Himbeern auch.
Komm nicht her, belausche nicht
Unser Lied, das heimliche,
Komm nicht her und schaue nicht
Unsern Mädchenspielen zu!

XL.

So singen sie, und wider Willen
Vernimmt Tatjana den Gesang;
Sie hofft voll Ungeduld im stillen,
Daß ruhig werd des Herzens Gang,
Daß ihrer Wangen Glut verschwinde.
Doch weiter schlägt die Brust geschwinde,
Der Wangen Glut geht nicht zurück,
Wird heißer jeden Augenblick ...
So flattert mit dem bunten Flügel
Der unglückliche Schmetterling,
Wenn ihn zum Spaß ein Schulbub fing;
So bebt das Häschen hinterm Hügel,
Wenn's plötzlich im Gebüsch erkannt
Den Jäger, der die Büchse spannt.

XLI.

Doch schließlich seufzt sie still ergeben,
Steht auf von ihrer Bank und geht:
Will zur Allee einbiegen eben,
Als unvermutet vor ihr steht,
Als Schatten drohend aus dem Dunkeln,
Jewgeni, dessen Blicke funkeln;
Als hätte Feuer sie gebrannt,
Blieb sie da stehen, wo sie stand.
Doch von des Treffens Weiterungen
Zu geben pünktlichen Bericht,
Vermag ich, Freunde, heute nicht;
Es ziemt, wenn man so lang gesungen,
Daß man sich Luft und Ruhe gönnt:
Führ's später irgendwie zu End.

VIERTES KAPITEL

La morale est dans la nature des choses.*
(Necker)

* Die Moral liegt in der Natur der Dinge.

I. II. III. IV. V. VI.

. . . .
. . . .
. . . .
. . . .
. . . .
. . . .
. . . .
. . . .
. . . .
. . . .
. . . .
. . . .
. . . .
. . . .

VII.

Bei einer Frau in Gunst zu stehen,
Wird leicht, je weniger man sie liebt;
Sie wird dann um so sichrer gehen
Ins Netz, das schmeichelnd sie umgibt.
Kaltschnäuziger Genuß der Triebe
Galt einst als Wissenschaft der Liebe,
Die überall sich lautstark pries
Und ohne Liebe Lust verhieß.
Doch diese noble Art zu spaßen
Ist würdig alter Affen nur
Aus Opas rühmlicher Kultur:
Heut geht's dem Ruhme der Lovelacen
Wie's dem der roten Schuhe geht
Und der Perückenmajestät.

VIII.

Wen langweilt's nicht, sich zu verstellen,
Zu reden, wo man lieber schweigt,
Das überzeugend darzustellen,
Wovon längst alle überzeugt,
Die gleichen Einwände zu hören
Und Vorurteile zu zerstören,
Die nie vorhanden warn und sind
Bei einem dreizehnjährigen Kind!
Wen brächte all das nicht zum Gähnen:
Beschwörung, ängstliches Getu,
Sechs Seiten lange Billetsdoux,
Betrug, Intrigen, Ringe, Tränen,
Der Mütter, Tanten Observanz,
Die Freundschaft gar des Ehemanns!

IX.

Genauso dachte mein Onegin.
In seiner Jugend erster Kraft
War manchem Irrtum er erlegen
Und zügelloser Leidenschaft.
Vom Leben angenehm verzogen,
Bald in Begeistrung aufgeflogen,
Bald von Enttäuschung übermannt,
Vom Wünschen langsam leergebrannt,
Erfolge nur noch lustlos pflückend,
In Lärm und Stille sich bewußt
Des ewigen Vorwurfs in der Brust,
Mit Lachen Gähnen unterdrückend:
So hat acht Jahre er im Wahn
Die schönste Blütenzeit vertan.

X.

Verlieben kam nicht mehr in Frage,
Er warb nur noch, weil man's halt tut;
Ein Korb? – noch lang kein Grund zur Klage;
Ein Bruch? – auch Ausruhn tut mal gut.
Sein Flirt war fern von Liebesschauern,
Und ging es schief, gab's kein Bedauern,
Kaum wußt er, wer ihn liebt und haßt.
So seelenruhig kommt ein Gast
Zur Whistpartie noch spät am Abend,
Nimmt Platz; und ist das Spiel dann aus,
Fährt er ganz ungerührt nach Haus,
Dort an gesundem Schlaf sich labend,
Und weiß noch nicht, wenn er erwacht,
Was er am nächsten Abend macht.

XI.

Doch als er Tanjas Brief gelesen,
Hat echte Rührung er gefühlt:
Ihr mädchenhaft verträumtes Wesen
Hat ihn zuinnerst aufgewühlt;
Und er entsann sich nun genauer
Des blassen Teints, des Blicks voll Trauer;
Und Träumerei, so süß wie rein,
Zog still in seine Seele ein.
Vielleicht hat alte Glut der Sinne
Ihn für Momente schwach gesehn,
Doch wollte er nicht hintergehn
Das Zutraun reiner Mädchenminne.
Nun aber in den Park geschwind,
Wo sie sich grad begegnet sind.

XII.

Erst waren beide stumm geblieben,
Dann trat Onegin zu ihr hin
Und sprach: »Sie haben mir geschrieben,
Gestehn Sie's nur. Ich las darin
Vertrauensselige Konfessionen,
Unschuldiger Liebe Effusionen;
Ich schätze Ihre Lauterkeit;
Gefühle, die seit langer Zeit
Erkaltet, ließ sie wieder brennen;
Doch Sie zu loben liegt mir fern;
Entgelten aber will ich's gern
Und gleichfalls kunstlos mich bekennen;
Hier meine Beichte als Beweis:
Ich geb mich Ihrem Urteil preis.

XIII.

Hätt ich den Wunsch, mein ganzes Leben
Nur dem Familienkreis zu weihn;
Hätt mir ein freundlich Los gegeben,
Gemahl und Vater einst zu sein;
Hätten mich häusliche Idyllen
Jemals verlockt auch nur im stillen –
Um keine andre weit und breit
Als nur um Sie hätt ich gefreit.
Es ist kein Süßholz, wenn ich sage:
Fänd darin ich mein Ideal,
Auf Sie allein fiel' meine Wahl
Als Freundin meiner trüben Tage,
Die mir für alles Schöne steht,
Und ich wär glücklich ... wenn das geht!

XIV.

Doch seit ich in die Welt getreten,
Hab nie ich solches Glück begehrt;
Umsonst sind Ihre Qualitäten:
Denn ich bin ihrer gar nicht wert.
Drum glauben Sie, wenn ich gestehe,
Nur eine Qual wär unsre Ehe.
Sosehr ich Sie auch liebte, bald
Ließ' die Gewohnheit mich schon kalt;
Sie würden weinen: Ihre Tränen,
Die stimmten dann mein Herz nicht mild,
Sie machten mich vielmehr nur wild.
Urteiln Sie selber, welche Szenen
Uns Hymen dann bereiten mag,
Und das vielleicht für Jahr und Tag.

XV.

Wer wäre mehr denn zu bedauern
Als die Familie, wo die Frau,
Des Mannes Unwert zu betrauern,
Sitzt Tag und Nacht allein im Bau;
Und er, der ihren Wert wohl kannte
(Und doch sein Los entsetzlich nannte),
Stets mürrisch schweigt wie ein Trappist
Und kalt und eifersüchtig ist!
So bin ich aber. War es das denn,
Was Ihrer Seele reine Glut
Gesucht, als Sie so schlicht und gut
Und geistreich Ihren Brief verfaßten?
Hat etwa solches Los die Macht
Des Schicksals Ihnen zugedacht?

XVI.

Wie Traum und Zeit nicht wiederkehren,
Wird auch mein Herz nicht mehr erneut ...
Ich muß Sie wie ein Bruder ehren,
Vielleicht mit größrer Zärtlichkeit.
Drum hörn Sie ohne Groll im Herzen:
Ein junges Mädchen kann's verschmerzen,
Es wechselt leicht von Traum zu Traum;
So wie im Lenz das Laub am Baum
Nur kommt, um bald sich zu entfernen.
So will's der Himmel, die Natur.
Sie werden wieder lieben: nur ...
Sie sollten sich beherrschen lernen;
Nicht jeder wird, wie ich, verstehn;
Naivität kann schlimm ausgehn.«

XVII.

So etwa predigte Onegin.
Tatjana sieht vor Tränen nicht,
Sie atmet kaum, sagt nichts dagegen
Und hört nur traurig, was er spricht.
Er reicht den Arm ihr, und apathisch
(Man sagt da gerne: *automatisch*)
Ergreift sie ihn und stützt sich ab,
Ihr Köpfchen sinkt erschöpft herab;
Nach Hause gehn sie durch die Beete,
Und als erschienen dort die zwei,
Da dachte niemand was dabei:
Die ländlich freie Etikette
Hat manchen vorteilhaften Brauch,
Ganz wie das stolze Moskau auch.

XVIII.

Wer sagt nicht, wenn er das gelesen,
Daß unser Freund in Tanjas Fall
Sehr nett und rücksichtsvoll gewesen?
Er zeigte nicht zum erstenmal
Hier seiner Seele wahren Adel,
Wenn auch der Menschen Lust am Tadel
An ihm kein gutes Haar mehr ließ:
Wer Feind ihm war, wer Freund sich hieß
(Was oft die gleichen Leute waren),
Sie alle hängten ihm was an.
Nun, Feinde hat hier jedermann,
Mag Gott vor Freunden uns bewahren!
Ach, Freunde, Freunde wolln das sein?
Sie fielen mir nicht grundlos ein.

XIX.

Wieso? – Nur so. Ich will nicht jammern
Und schläfre schwarze Schatten ein;
Und ich bemerke nur *in Klammern:*
Mag's schäbige Verleumdung sein,
Wie sie ein Schreiberling ersonnen
Zu des mondänen Pöbels Wonnen,
Sei's das unsinnigste Gerücht,
Sei's ein gemeines Spottgedicht,
Nichts gibt's, was nicht Ihr Freund mit Lächeln
In anständiger Leute Kreis
Ganz arglos zu erzählen weiß,
Um – aus Versehn – Sie durchzuhecheln;
Doch lieben tut er Sie, auf Ehr! –
Als wenn er Ihr ... Verwandter wär.

XX.

Hm, hm! Wohledler Leser, hatten
Sie keinen Kummer da bisher?
Oder beliebt's, wenn Sie gestatten,
Daß ich auch das noch kurz erklär,
Was denn *Verwandte* nun bedeute?
Verwandte, das sind solche Leute:
Wir müssen tun, was sie begehrn,
Sie herzlich lieben und verehrn
Und sie, zu Weihnachten wohl war es,
Besuchen, wie's im Volke Brauch,
Oder per Post Glück wünschen auch,
Damit sie für den Rest des Jahres
Uns rasch vergessen ... Also gut,
Lang leben sie in Gottes Hut!

XXI.

Da sind Geliebte mehr zu loben
Als Freunde und Verwandte doch:
Es ist sogar, wenn Stürme toben,
Verlaß auf ihre Liebe noch.
Gewiß. Jedoch: der Schmuck, die Kleider,
Die Launen der Natur und, leider,
Das Urteil der Gesellschaft ... ach,
Zu wahr ist's: dies Geschlecht ist schwach.
Auch sind die Ansichten des Gatten
Für eine tugendhafte Frau
Zu respektieren stets genau;
So wird die Freundin, die Sie hatten,
Entzogen Ihnen unverhofft:
Mit Liebe scherzt der Teufel oft.

XXII.

Wen also lieben? Wem vertrauen?
Wer einzig sinnt nicht auf Verrat?
Wer mag mit unsern Augen schauen
Auf unser Wort, auf unsre Tat?
Wer wird Verleumdung nie verbreiten?
Wer uns ein warmes Nest bereiten?
Wen läßt auch unser Laster kühl?
Wer wird uns wirklich nie zuviel?
Der wär ein schlechter Schatzverweser,
Der sucht, wo's solch ein Wesen gibt,
Anstatt, daß er sich selber liebt.
Versuchen Sie's, hochwerter Leser!
Ein würdiges Objekt fürwahr:
Nichts stellt sich liebenswerter dar.

XXIII.

Und was ist weiter nun geschehen?
Ach, das zu raten ist nicht schwer!
Des Liebeswahnes wilde Wehen
Bestürmten nicht nur wie bisher
Die Seele, die sich gerne quälte;
Nein, wilder ward, da Trost ihr fehlte,
Die hoffnungslose Leidenschaft.
Tatjana schlief nicht mehr, und Kraft,
Gesundheit, Frische, Lebensfreude,
Ihr Lächeln, ihre Mädchenruh
Verschwanden spurlos und im Nu.
Ihr Jugendglanz verlosch im Leide,
Gleich als ob Sturmesschatten lag
Auf einem kaum gebornen Tag.

XXIV.

O weh! Tatjana wird zum Schemen,
Verwelkt, verzehrt sich, sagt kein Wort!
Sie mag an nichts mehr Anteil nehmen,
Nichts lockt ihr Herz vom Leiden fort.
Die Nachbarn wiegen ernst die Schädel
Und tuscheln unter sich: »Das Mädel
Muß heiraten, 's ist höchste Zeit!« ...
Doch Schluß nun mit der Traurigkeit.
Euch aufzuheitern muß ich eilen
Mit einem Bild von Liebesglück.
Verzeiht, ich schau noch mal zurück;
Das Mitleid zwingt mich zu verweilen
Bei ihr, von der ich eben schrieb:
Ich hab Tatjana ja so lieb!

XXV.

Von Stund zu Stunde mehr gefangen
Von Olgas jugendlichem Reiz,
Begab Wladimir voll Verlangen
Sich ganz in süße Haft bereits.
Ist stets bei ihr. Sie sitzen immer
Selbzweit in ihrem dunklen Zimmer,
Und Hand in Hand spazieren sie
Im Garten schon in aller Früh.
Und was passierte? Liebestrunken,
In der Verwirrung holder Scham,
Er manchmal sich die Freiheit nahm,
Wenn Olgas Lächeln ihm gewunken,
Daß er ein Löckchen löst mit List,
Oder den Saum des Kleides küßt.

XXVI.

Manchmal pflegt er ihr vorzulesen
Einen erbaulichen Roman,
Wo von Natur und Menschenwesen
Mehr steht als bei als Chateaubriand;
Mitunter gibt's da zwei, drei Seiten
(Wo ein Zuviel an Seltsamkeiten
Gefahr für Mädchenherzen bringt),
Die er errötend überspringt.
Oder sie sitzen, fern von allen,
Und schaun, die Stirne in der Hand,
Aufs Schachbrett nieder unverwandt,
In tiefes Nachdenken verfallen,
Bis Lenski einen Bauern führt
Und seinen eignen Turm kassiert.

XXVII.

Und sollt er mal nach Hause reiten,
Denkt er an Olga auch zu Haus,
Und ihres Albums zarte Seiten
Schmückt er mit Fleiß und Andacht aus:
Bald malt er ländliche Vignetten,
Ein Grabmal, Säulen, Amouretten,
Ein Saitenspiel mit Täuberich
In Aquarell und Federstrich;
Bald fügt er in die freien Räume
Zu dem, was schon ein andrer schrieb,
Noch ein paar Verse zart und lieb
Als stummes Denkmal seiner Träume,
Wo, was ein kurzer Einfall war,
Erhalten bleibt manch langes Jahr.

XXVIII.

Sie sahn natürlich viele Male
Schon solch ein Album auf dem Land
Mit all der Freundinnen Gemale
Bald vorn, bald hinten, bald am Rand,
Wo Mädchen sich mit falschen Rhythmen
Und Rechtschreibfehlern Verse widmen,
Die irgendwo man aufgeschnappt,
Gestutzt oder was drangepappt.
Und wenn das Titelblatt verkündet:
Qu'écrirez-vous sur ces tablettes,
Gezeichnet *t.à.v. Annette,*
Man sicher auf dem letzten findet:
»Und wer Dich lieber hat als ich,
Der schreibe sich gleich hinter mich.«

XXIX.

Sie finden dort in jedem Falle
Zwei Herzen, Fackeln, Blümelein;
Dort liest man Schwüre, die sich alle
Der *Liebe bis zum Grabe* weihn;
Dort hat auch ein Armeepoete
Verwechselt Leier und Trompete.
In solch ein Heft, ihr Freunde mein,
Da trag auch ich mich gerne ein,
Dabei im Geiste mich versichernd,
Daß dem, was ich mir abgequält,
Ein wohlgeneigter Blick nie fehlt,
Und man nicht später, hämisch kichernd,
Zu untersuchen noch beginnt,
Wie geistreich meine Flausen sind.

XXX.

Ihr Bände aber, allenthalben
Verstreut aus Satans Bücherei,
Ihr prächtig eingebundnen Alben,
Alptraum der Modereimerei,
In denen dienen zur Verzierung
Tolstois brillante Pinselführung
Und Baratynskis Schreibtalent,
Daß euch doch Gottes Zorn verbrennt!
Wenn eine weltgewandte Dame
Mir ihr *in quarto* überreicht,
Mich Angst und Wut zugleich beschleicht;
Die böse Lust zum Epigramme
Regt sich im Innern wieder mal,
Doch man verlangt ... ein Madrigal!

XXXI.

Nicht Madrigale warn die Lieder,
Die Lenski Olgas Album lieh;
Sie hallten nur von Liebe wider
Und glänzten mit Pointen nie.
Was er erfuhr, was er entdeckte
An Olga, wird ihm zum Objekte:
Und von lebendiger Wahrheit hell
Rauscht seiner Elegien Quell.
So singst, Jasykow, du, voll Weihe,
Wenn dir die Lippen übergehn
Vor Herzensfülle, irgendwen,
Und deiner Elegien Reihe
Gibt einst erschöpfenden Bericht
Von deinem Schicksal im Gedicht.

XXXII.

Doch stille! Hörst du nicht gebieten
Den strengen Kritiker: »Werft ab
Der Elegien Kummerblüten!«
Er kanzelt uns Poeten ab
Und ruft: »Hört endlich auf zu greinen
Und nichts zu tun als zu beweinen
Das *Damals*, die *Vergangenheit*:
Genug! Singt etwas andres heut!«
– Recht hast du, uns den Rat zu geben:
Wählt Maske, Dolch und Tubaschall,
Noch sind Gedanken überall
Als totes Kapital zu heben:
Nicht wahr, mein Freund? – »Das liegt mir fern!
Schreiben Sie Oden, meine Herrn,

XXXIII.

Wie unsre Dichterphilosophen
Vor alters pflogen kühn und stolz ...«
– Nur feierliche Odenstrophen?
Genug davon, mein Freund; was soll's?
Bedenk, was Dmitrijew schon sagte!
Kommt, der sich dort mit Oden plagte,
Etwa erträglicher dir vor
Als unser trüber Dichterchor? –
»Was kann die Elegie bedeuten;
Ihr Zweck ist kümmerlich und leer,
Der Ode Zweck jedoch ist hehr
Und edel stets ...« – Da läßt sich streiten:
Hier mein Jahrhundert und dort deins,
Doch schweig ich lieber: recht hat keins.

XXXIV.

Von Ruhm- und Freiheitsdrang getrieben,
Durchwühlt von stürmischen Ideen,
Hätt Lenski Oden wohl geschrieben,
Hätt Olga sie nur angesehn.
War unsern tränenreichen Dichtern
Vor ihrer Liebsten Angesichtern
Ihr Werk zu lesen je vergönnt?
Der höchste Lohn sei's, den man kennt!
Als selig wird zu Recht erachtet,
Wer, wenn er vorliest, vor sich sieht
Den Gegenstand von Lieb und Lied,
Die Schöne, wie sie lieblich schmachtet!
Ja, selig ... selbst auf die Gefahr,
Daß sie nicht bei der Sache war.

XXXV.

Ich kann die Frucht von Traumgesichten
Und Harmoniebesessenheit
Nur meiner Kinderfrau berichten,
Der Freundin meiner Jugendzeit,
Und wenn sich einmal aus Versehen
Am Abend läßt ein Nachbar sehen,
Dann schnapp ich mir den armen Mann,
Öd ihn mit meinem Drama an,
Oder (doch nun mal Scherz beiseite)
Ich schweif an meinem See umher,
Von Sehnsucht und von Reimen schwer,
Und schreck der wilden Enten Meute:
Wenn sie der Strophen süßen Ton
Vernehmen, flattern sie davon.

XXXVI. XXXVII.

Na, und Onegin? Ja, natürlich!
Nur, Brüder, habt Geduld mit mir:
Sogleich beschreib ich euch ausführlich
Den Ablauf seines Tages hier.
Er war Anachoret geblieben,
Stand auf im Sommer schon vor sieben
Und schritt im leichtesten Gewand
Zum Flüßchen an des Hügels Rand,
Worauf er, Byron imitierend,
Sotanen Hellespont durchschwamm,
Dann seinen Kaffee zu sich nahm,
Ein wertloses Journal studierend,
Und dann sich anzog ...

XXXVIII. XXXIX.

Gesunder Schlaf, Ausflüge, Lesen,
Waldschatten, Plätscherton vom Fluß,
Manchmal ein blaß, schwarzäugig Wesen
Mit seinem jungen, frischen Kuß,
Ein Rassepferd, gekonnt gezügelt,
Das Essen ziemlich ausgeklügelt,
Ein Fläschchen weißen Weins dazu,
Die Abgeschiedenheit, die Ruh:
Dies Leben war es, das er wählte;
Er gab sich unbewußt ihm hin,
So kam es ihm nicht in den Sinn,
Daß er des Sommers Tage zählte,
Seit Stadt und Freunde er vergaß
Und ihrer Feste leeren Spaß.

XL.

Doch unser Sommer hier im Norden,
Südlicher Winter Parodie,
Ist kurz: das ist bekannt geworden,
Nur zugegeben wird es nie.
Schon haucht der Himmel Herbsteskälten,
Schon scheint die Sonne nur noch selten,
Und kürzer wurde schon der Tag,
Des Walds geheimnisvoller Hag
Hat traurig rauschend sich entkleidet,
Die Felder hüllt der Nebel ein,
Wildgänse ziehn mit schrillen Schrei'n
Gen Süden: Keinen Aufschub leidet
Die Zeit; jetzt wird's recht öde hier;
November steht schon vor der Tür.

XLI.

Das Frührot hebt sich kalt im Trüben,
Es schweigt der Lärm des Ackerbaus;
Vom Hunger aus dem Wald getrieben
Tritt nun der Wolf zum Weg hinaus;
Das Pferd, das ihn von Ferne wittert,
Schnaubt laut – der bange Reiter zittert
Und jagt mit letzter Kraft bergauf;
Der Hirt steht nicht so früh mehr auf,
Die Kühe aus dem Stall zu bringen,
Und mittags ruft sein Horn nicht mehr
Sie von der Weide zu sich her;
Am Spinnrad jetzt die Mägde singen,
Wobei der Winternächte Freund,
Der Kienspan, blakt und knisternd scheint.

XLII.

Schon knirscht der Frost; mit Sturmestosen
Macht er die Felder silberhell …
(Der Leser wartet schon auf *Rosen*;
Da ist der Reim, na, schnapp ihn schnell!)
Im Eiskleid glänzt der Bach adretter
Als des Parketts moderne Bretter.
Mit Schlittschuhn zeichnet Kreis um Kreis
Der Knaben muntres Volk aufs Eis;
Auf roten Pfoten sorgsam probend
Kommt, um zu schwimmen, schwer und weiß
Die Gans gewatschelt auf das Eis,
Rutscht aus und fällt; und lustig tobend
Weht erster Schnee heran von fern
Und sinkt aufs Ufer Stern um Stern.

XLIII.

Was tut man nun in solcher Öde?
Spazierengehn? Da wird schon bald
Des Dorfes Anblick uns zu blöde:
So monoton und kahl und kalt.
Durch die erstarrte Steppe reiten?
Da braucht der Huf nur auszugleiten
Auf trügerischem Eis einmal,
Und Roß und Reiter kommt zu Fall.
Zieh dich zurück in die vier Wände,
Nimm Pradt, nimm Walter Scott und lies.
Prüf die Bilanz – liegt mehr dir dies,
Sei wütend oder trink; am Ende
Folgt jedem Abend mal die Nacht;
So wird der Winter rumgebracht.

XLIV.

Onegin, in Childe Harolds Weise,
Betrieb gepflegten Müßiggang:
Nach einem Morgenbad im Eise
Ward ihm zu Haus der Tag nicht lang,
Wenn er, vertieft ins Kombinieren,
Versucht, das Queue stets neu zu führen,
Auf eine der zwei Kugeln zielt,
Kurz, mit sich selber Billard spielt.
Naht dann der provinzielle Abend,
Wird Queue und Kreide weggesteckt;
Vor dem Kamin ist schon gedeckt,
Jewgeni wartet. Bald kommt trabend
Das Apfelschimmeldreigespann
Mit Lenski. Schnell zu Tisch alsdann.

XLV.

Champagner hochgepriesner Lagen,
La Veuve Clicquot oder *Moët,*
In eisiger Flasche aufgetragen
Alsbald vor unserm Dichter steht.
Gleich Hippokrenes Glitzerträumen
Hielt Sekt mit seinem Spiel und Schäumen
(Das Gleichnis ist für dies und das)
Mich oft in Bann: So kam es, daß
Mein letztes Scherflein ich vorzeiten
Dafür geopfert. Wißt Ihr's noch?
Sein Zauber hat uns damals doch
Beschert nicht wenig Unklugheiten
Und wieviel Witz und Poesie
Und Streit und heitre Phantasie!

XLVI.

Doch seines Prickelns wird mein Magen
In letzter Zeit nicht mehr recht froh,
Ich trinke heut mit mehr Behagen
Schon den besonnenen *Bordeaux*,
Denn den *Aÿ* vertrag ich nimmer;
Aÿ gleicht der Geliebten: immer
Nur Glanz und Quicklebendigkeit
Und leere Launenhaftigkeit ...
Doch Du, *Bordeaux*, bist zu vergleichen
Dem Freunde, der in Leid und Not
Steht immer treu uns zu Gebot,
Sei's helfend seine Hand zu reichen,
Sei's auszuspannen stillvereint.
Bordeaux soll leben, unser Freund!

XLVII.

Das Feuer lischt; kaum überzogen
Von Asche glimmt die goldne Glut,
Kaum merklich ist der Rauch verflogen
Sich aufwärts kräuselnd, und noch gut
Wärmt der Kamin. Zum Abzug weht noch
Der Pfeifenrauch, und perlend steht noch
Das Sektglas auf dem Tisch bereit.
Das Abenddunkel macht sich breit ...
(Ich mag, ich kann mir da nicht helfen,
Den Freundesschwatz beim Glase Wein
Zu jener Zeit, die allgemein
Die Zeit heißt zwischen Hund und Wölfen.
Warum jedoch, ist mir nicht klar.)
Nun plaudert unser Freundespaar:

XLVIII.

»Was machen denn die Mädchen eben?
Tatjana? Und dein Olgalein?« –
»Du kannst mir noch ein bißchen geben,
Halb voll nur, danke! ... Es geht fein,
Wohlauf sind alle, lassen grüßen.
Von Olga wärst du hingerissen,
Wie schön die Schultern, welche Brust,
Ach, welche Seele! ... Nein, du mußt
Demnächst mit mir zu Larins gehen;
Denn, lieber Freund, gib es doch zu:
Zweimal hineingeschaut hast du,
Seitdem läßt du dich nicht mehr sehen.
Was red ich denn! ... Sie laden dich
Für nächste Woche ein zu sich.«

XLIX.

»Mich?« – »Ja, zum Namenstag von Tanja,
Am Samstag, Olga und Mama
Lassen dich bitten, und man kann ja
Dann nicht gut sagen: ich bleib da.« –
»Da wird doch nur ein ganzer Haufen
Von Hinz und Kunz zusammenlaufen.« –
»Wie kommst du darauf? Keine Spur!
Die eigene Familie nur.
Tu's mir zuliebe, ja? Ich hole
Dich ab!« – »In Ordnung.« – »Vielen Dank!«
Mit diesem letzten Worte trank
Er aus sein Glas zu Tanjas Wohle
Und sprach dann mit erneuter Glut
Von Olga – wie's halt Liebe tut!

L.

Er war so fröhlich. In zwei Wochen
War ihm des Glückes Frist gesetzt,
Der süßen Liebe Kranz versprochen,
Und die Mysterien des Betts
Verhießen ihm die höchsten Freuden.
Denn Hymens Kümmernis und Leiden
Und kalte Langeweile gar
Nahm er auch nicht im Traume wahr,
Wo wir, die Feinde solcher Weihe,
Nichts im Familienleben sehn
Als 'nen Roman von Lafontaine:
Einschläfernd gleicher Bilder Reihe ...
Mein armer Lenski aber war
Dafür geschaffen ganz und gar.

LI.

Er wird geliebt! ... zumindest findet
Er selbst, er sei's, und ist beglückt.
O selig, wer im Glauben gründet,
Verstandeskälte unterdrückt,
Wem Herzenswärme dient als Wiege
Wie dem Betrunknen nachts die Liege,
Nein, zarter: wie dem Schmetterling
Die Frühlingsblüte, dran er hing.
Doch arm ist der, dem nichts mehr fremd ist,
Dem nie der Kopf mehr geht im Kreis,
Der jedes Wortes Lüge weiß
Und durch Erfahrung so gehemmt ist,
Daß sein Gefühl zu Eis gerann
Und er sich nie vergessen kann.

FÜNFTES KAPITEL

O Swetlana, kenne nie
Solche schlimmen Träume!
(Schukowski)

I.

Viel länger, als man angenommen,
Blieb es noch Herbst in diesem Jahr;
Der Winter wollt und wollt nicht kommen,
Und Schnee fiel erst im Januar,
Am zweiten nachts. Tatjana machte
Den Vorhang auf, als sie erwachte,
Und sah ganz weiß den Hof, das Beet,
Das Scheunendach und das Staket,
Die Scheiben voller zarter Zeichen,
Die Bäume wintersilberklar,
Im Hof der Elstern muntre Schar,
Und weit, soweit die Hügel reichen,
Des Winterteppiches Gegleiß.
Und alles, alles blendend weiß.

II.

Winter! ... Der Bauer bahnt mit Freuden
Im flachen Schlitten neu den Weg;
Sein Pferdchen mag den Schnee wohl leiden
Und trottet nicht mehr ganz so träg;
Neben die Tupfen von den Hufen
Ziehn weichen Strich die Schlittenkufen;
Der Kutscher sitzt auf seinem Bock
Im roten Gurt, im Lammfellrock.
Ein Bauernbub läuft durchs Gelände,
Der seinen *Waldi* rodeln lehrt
Und dabei selber spielt das Pferd,
Der Schelm hat schon ganz blaue Hände:
Bald weint er, und bald lacht er mehr,
Und Mutter droht vom Fenster her ...

III.

Jedoch, es stößt Sie ab, womöglich,
Derartig simpler Bilder Stil:
Natur ist all das, flach, alltäglich;
Erlesnes gibt es da nicht viel.
Es wußt, erwärmt von Phöbus' Strahlen,
Ein andrer Dichter uns zu malen
Grandios den *Ersten Schnee* bereits
Und jeden winterlichen Reiz;
Der spricht Sie an, ich schwör es Ihnen,
Wenn er in Versen flammend rein
Beschreibt die Schlittenfahrt zu zwein;
So will ich mich auch nicht erkühnen,
Ihm abzulaufen seinen Rang,
Noch Dir, der Finnlands Maid besang!

IV.

Tatjana (Russin in der Seele –
Warum, das war ihr selbst nicht klar)
Fand in der Pracht der kalten Helle
Den russischen Winter wunderbar,
Den Sonnenschein, das Rauhreifflimmern,
Die Schlittenfahrt, das rosa Schimmern
Des Schnees, wenn spät der Tag erwacht,
Den Abend vor der zwölften Nacht.
Sein Dunkel diente wie vorzeiten
Bei ihr zu Haus dem alten Brauch,
Daß alle Mägde eben auch
Für ihre Fräuleins prophezeiten
Und Jahr für Jahr verhießen dann
Zum *langen Weg* den *Reitersmann*.

V.

Tatjana glaubte all dem Wesen,
Wie's altersher im Volke wohnt:
Traumdeuterei und Kartenlesen
Und Prophezeiung aus dem Mond.
Vorzeichen ließen sie erbeben,
Und jedes Dings geheimes Weben
Schien ihr bedeutsam irgendwie;
Vorahnungen bedrängten sie:
Putzt auf dem Ofen sich possierlich
Der Kater schnurrend seinen Bart,
War dies ein Zeichen sichrer Art,
Daß Gäste kommen; und wenn zierlich
Des Mondes junge Sichel stand
Am Himmel, aber linkerhand,

VI.

Erschrak sie und verlor die Farbe;
Und wenn vom dunklen Himmel hell
Ein Stern herabschoß, um als Garbe
Rasch zu zerstieben, sucht' sie schnell
Ihre Gedanken zu entwirren,
Um rasch, noch bei des Sternes Schwirren,
Den Herzenswunsch ihm zu gestehn.
Doch sollt es ihr einmal geschehn,
Daß käm ein schwarzer Mönch gegangen,
Daß gar ein Hase überquer
Den Weg ihr kreuzt' von ungefähr,
Wußt sie vor Schreck nichts anzufangen,
Und unter schlimmer Ahnung Last
War sie auf Unheil schon gefaßt.

VII.

Na und? Geheimen Reiz verschaffen
Ihr Schauder und Entsetzen noch:
So hat uns die Natur erschaffen,
Neigt sie zu Widersprüchen doch.
Doch nun war Julzeit: Welche Freude!
Nun lockt der Zukunft Rätsel *beide:*
Der *Jugend* Unbekümmertheit,
Vor der das Leben liegt so weit,
Unüberschaubar, Glanz und Fülle ...
Das *Alter*, das am Grabestor
Unrettbar alles schon verlor
Und dennoch rätselt durch die Brille.
Gleichwohl: die Hoffnung trügt sie all
Mit ihrem kindischen Gelall.

VIII.

Tatjana schaut jetzt voll Erwartung,
Wie das geschmolzne Wachs gerinnt:
Der Formen wunderliche Artung
Ihr wundersamen Sinn gewinnt.
Aus einem Krug, wo sie geschwommen,
Wird Ring um Ring herausgenommen,
Und sie bekommt ihr Ringlein auch,
Wobei man singt nach altem Brauch:
»So reich sind dort die Mannsleut alle,
Das Silber scheffeln sie nur so:
Der, dem wir singen, der sei froh!«
Verlust verheißt in diesem Falle
Der traurige Refrain des Lieds,
Drum mögen Mädchen mehr die *»Miez«*.

IX.

Die Nacht ist kalt; am klaren Himmel
Dreht sich der Sterne stiller Chor
In wunderprächtigem Gewimmel ...
Tatjana tritt hinaus vors Tor
Im offnen Kleidchen, um mit Beben
Den Spiegel hin zum Mond zu heben;
Doch aus dem dunklen Glas blickt nur
Des Mondes traurige Kontur ...
Da knirscht der Schnee ... ein Mann; die Schöne
Zu ihm auf Zehenspitzen springt,
Und süßer noch ihr Stimmchen klingt
Als einer Hirtenflöte Töne:
»Ihr Vorname?« – Er schaut sie an
Und antwortet: »Korbinian!«

X.

Auf ihrer Amme Rat schickt Tanja
Bei Nacht sich an zur Zauberei,
Und insgeheim ließ in der Banja
Den Tisch sie decken schon für zwei;
Doch plötzlich schaudert es Tatjana ...
Und – beim Gedanken an Swetlana
Ging mir's genauso – einerlei ...
Es wird nichts aus der Zauberei.
Tatjana löst die Seidenschließen
Des Gürtels, zieht sich aus und liegt
Im Bett, wo Lel ihr Haupt umfliegt
Und unter ihrem Daunenkissen
Sich birgt ihr Jungfernspiegelein.
Verstummt ist alles. Sie schläft ein.

XI.

Und schaut im Traume Wunderdinge.
Ihr ist im Traum, als ob im Schnee
Sie über eine Lichtung ginge
Und Nebel traurig sie umweh;
Vor ihr, wo hoch der Schnee sich türmte,
In wildem Wirbel tosend stürmte
Graugischtend finster hin und jach,
Vom Winter ungezähmt, ein Bach;
Von einer Scholle Eis gehalten
Zwei Stöckchen, und verhängnisdünn
Ein schwankes Brückchen drüberhin;
Und vor den tosenden Gewalten
Von Ungewißheit übermannt,
Blieb sie da stehen, wo sie stand.

XII.

Als wollt er sie nicht weiter lassen,
Verwünscht den Bach Tatjana laut;
Von drüben ihre Hand zu fassen,
Ist niemand da, wohin sie schaut;
Doch da: im Schnee scheint sich's zu regen.
Und wer erhebt sich ihr entgegen?
Ein großer, zotteliger Bär!
Tatjana: *»Ach!«* Und laut brummt er,
Die Tatze mit den scharfen Krallen
Streckt er ihr hin; sie rafft sich auf,
Stützt zag ihr zartes Händchen drauf,
Geht los, in steter Angst zu fallen,
Hat endlich hinter sich den Bach;
Läuft weiter – und? Der Bär ihr nach!

XIII.

Sie wagt es nicht, sich umzusehen,
Beschleunigt noch den raschen Schritt,
Dem Zotteldienstmann zu entgehen,
Doch Meister Petz hält wacker mit
Und ächzt beim Watscheln unerträglich.
Im Wald vor ihnen unbeweglich
Die Tannen stehn in düstrer Pracht,
Die Zweige schwer mit Schnee bedacht;
Von oben durch das Astgestänge
Von Erlen, Birken, Linden kahl
Dringt still der Nachtgestirne Strahl;
Kein Weg, kein Steg, Gebüsch und Hänge,
Ganz zugeweht vom Wirbelwind,
In tiefem Schnee begraben sind.

XIV.

Sie in den Wald! Der Bär desgleichen!
Knietief ist hier der Pulverschnee;
Manch langer Ast kann sie erreichen,
Hält sie am Hals und tut ihr weh,
Hat ihr den Ohrring ausgerissen;
Der Harsch streift von den hübschen Füßen
Die durchgeweichten Schuhchen ab;
Das Kopftuch fällt ihr auch herab;
Sie läßt es liegen; hört mit Beben
Den Bären hinter sich ganz dicht
Und traut sich, schamhaft zitternd, nicht,
Den Saum des Kleides anzuheben;
Sie läuft, er immer hinterher,
Und bald kann sie nicht laufen mehr.

XV.

Sie kommt zu Fall; der Bär erhebt sie,
Um rasch mit ihr davonzugehn;
Sie atmet kaum noch, kaum erbebt sie
Und läßt's, der Ohnmacht nah, geschehn.
Er stürmt mit ihr durch eine Schneise;
Auf einmal taucht geheimerweise
Durch Bäume schimmernd auf ein Schein:
Ein Hüttchen steht im Wald allein.
Von drinnen dringt Geschrei und Lärmen
In Schnee und Stille ringsumher;
»Hier wohnt mein G'vatter«, spricht der Bär,
»Kannst dich bei ihm ein wenig wärmen!«
Und schon ist er im Flur mit ihr
Und legt sie nieder vor die Tür.

XVI.

Tatjana schaut, sie kommt zu Sinnen:
Der Bär ist fort; sie liegt im Haus;
Geschrei und Gläserklang von drinnen,
Als wär's ein großer Leichenschmaus;
Sie kann sich's nicht zusammenreimen,
Späht durch den Türspalt im geheimen,
Und was erblickt sie? ... Dort am Tisch
Sitzt in abscheulichem Gemisch
Der Ungeheuer grause Sippe:
Der hundeschnäuzig mit Geweih,
Mit Ziegenbart die böse Fey,
In stolzer Pose ein Gerippe,
Ein Zwerg mit Schweif, ein Hahn mit Kropf,
Ein Kranichhals mit Katzenkopf.

XVII.

Noch mehr der Wunder, mehr der Schrecken:
Ein Krebs auf einer Spinne sitzt,
Ein Totenkopf mit Zähneblecken
Dreht sich im Kreise rotbemützt,
Mit Flügelschlag auf krummem Bocke
Tanzt eine Mühle in der Hocke;
Gebell, Gelächter, Pfiff, Geklapp,
Gegröhl, Geschwätz und Hufgetrapp!
Doch was bemächtigt sich Tatjanens,
Als sie erkennt in dieser Schar
Den, der ihr lieb und schrecklich war,
Den Helden unseres Romanes!
Onegin sitzt am Tische hier
Und schaut verstohlen hin zur Tür.

XVIII.

Er gibt ein Zeichen – alle machen's,
Er trinkt – sie trinken auch und schrein,
Er lacht – da ist kein End des Lachens,
Kraust er die Stirn – tritt Schweigen ein.
Er ist der Herr hier, ohne Frage:
Und Tanja ist schon weniger zage,
Und hat, nunmehr aus Neubegier,
Ein wenig aufgemacht die Tür ...
Da kommt ein Windstoß; jäh verdunkeln
Die Kerzen sich, und es wird Nacht.
Die Geisterschar ist aufgebracht;
Onegin, dessen Blicke funkeln,
Steht polternd auf – und alle stehn –,
Er schickt sich an, zur Tür zu gehn.

XIX.

Sie packt Entsetzen; und geschwinde
Will sie mit letzter Kraft davon:
Es geht nicht, wie sie sich auch winde;
Will schreien, doch es kommt kein Ton.
Da stößt die Tür ganz auf ihr Meister,
Und vor dem Blick der Höllengeister
Erscheint die Jungfrau. Gellend kreischt
Gelächter; jedes Auge heischt,
Und Hufe, krumme Rüssel, Pfoten,
Stoßzähne, Schwänze dichtbehaart,
Blutrote Zungen, jeder Bart,
Gehörn und Knochenfinger drohten,
Auf sie gerichtet, schauerlich,
Und alle schrein: Für mich! Für mich!

XX.

Für mich! – Jewgenis Worte hallten,
Fort war der höllische Verein;
Es blieb im Finstern und im Kalten
Die Jungfrau mit ihm ganz allein;
Behutsam führte sie Onegin
Ins Eck, um sie dort hinzulegen
Auf eine altersschwache Bank,
Dann neigt' er seinen Kopf und sank
An ihre Schulter; da kommt plötzlich
Mit Olga Lenski; es wird hell;
Onegin hebt die Arme schnell,
Sein Blick ist unstet und entsetzlich,
Er schilt den ungebetnen Gast;
Tatjana ist halbtot schon fast.

XXI.

Der Streit wird laut; da zückt Onegin
Ein langes Messer, und im Nu
Sinkt Lenski hin; und schon bewegen
Sich grause Schatten dicht herzu;
Ein schriller Schrei ... die Hütte krachte ...
Und Tanja, schreckensstarr, erwachte ...
Sie schaut sich um, ringsum ist's licht;
Durch die befrornen Scheiben bricht
Der Morgenröte Purpurschimmer;
Die Tür geht auf. Und Olgalein
Fliegt, röter als Aurorens Schein,
Und schwalbenleicht zu ihr ins Zimmer;
»Na«, sagt sie, »wirst du mir gestehn,
Wen du heut nacht im Traum gesehn?«

XXII.

Als wenn sie nichts vernommen hätte,
Fährt Tanja nur zu blättern fort
Im Buch, das sie studiert im Bette,
Und sagt nichts auf der Schwester Wort.
Und wenn dies Buch auch bot mitnichten,
Was die Poeten süß erdichten,
Noch Weisheit oder Bilder viel,
Doch kein Racine und kein Vergil,
Kein Scott, kein Byron, kein Senéca,
Nicht mal das Damenmodenblatt
Je jemand so gefesselt hat:
Dies, Freunde, war Martyn Zadeka,
Der Erzchaldäer, der gelehrt
Darin der Träume Sinn erklärt.

XXIII.

Dies tiefe Werk hatte vorzeiten
Ein ambulanter Handelsmann
Gebracht in jene Einsamkeiten
Und Tanja überlassen dann
Zusammen mit *Malwines* Ende
Für nur drei fünfzig, beide Bände,
Wobei er noch in Zahlung nahm
Ein Bilderbuch mit Fabelkram,
Ein Sprachbuch und zwei Petriaden
Sowie Band drei von Marmontel.
Martyn Zadeka wurde schnell
Tatjanas Liebling, der den Schaden
Schon manchen Kummers ihr geheilt
Und stets bei Nacht ihr Lager teilt.

XXIV.

Verstört von ihrem Traumgesichte,
Im Zweifel, was es wohl besagt,
Sie nach der schaurigen Geschichte
Geheimem Sinn ihr Traumbuch fragt.
In einer kurzen Liste findet
Sie auf das ABC gegründet
Die Wörter: Bach, Bär, Brücke, Dolch,
Hahn, Hexe, Krebs, Licht, Messer, Molch
Et cetera. Den Zweifel lösen
Kann auch Martyn Zadeka nicht;
Jedoch der schlimme Traum verspricht
Ihr viel an Traurigem und Bösem.
Noch ein paar Tage hinterher
Bedrückte sie die Sache sehr.

XXV.

Doch sieh! Des Frührots Purpurwonne
Führt aus dem Schattental des Hags
Herauf bereits zusamt der Sonne
Das frohe Fest des Namenstags.
Von früh an trifft im Hause Larin
Ein Strom von Gästen ein, da fahren
In allen Arten von Gespann
Familienweis die Nachbarn an.
Im Flur herrscht Aufregung und Enge;
Im Saal wird unentwegt begrüßt,
Der Schoßhund kläfft, die Jungfer küßt,
Am Eingang Lachen, Lärm, Gedränge,
Knickse, Verbeugungen der Herrn,
Der Ammen Schrei und Kinderplärrn.

XXVI.

Da kam an starker Gattin Seite
Der dicke Pustjakow gewallt;
Gwosdin, der hungern ließ »die Leute«
Und drum als kluger Gutsherr galt;
Dann das ergraute Paar Skotinin
Und Kinder dutzendweis mit ihnen
Von zwei bis an die dreißig Jahr;
Dann Petuschkow, der Modenarr;
Mein Vetter ersten Grads Bujanow,
Die Mütze schief, den Rock voll Stroh
(Natürlich kennen Sie ihn so),
Und Amtsrat außer Diensten Fljanow,
Ein höchst korrupter alter Fuchs,
Vielfraß und Freund von Klatsch und Jux.

XXVII.

Mit Charlikows Familienhaufen
Erschien auch ein Monsieur Triquet,
Jüngst aus Tambow erst zugelaufen,
Bebrillt, in rötlichem Toupet.
Er wollt als echter Franzmann bringen
Ein Ständchen, Tanja vorzusingen
Auf die bekannte Melodie
Réveillez-vous, belle endormie,
Und hatte deshalb in der Tasche
Ein altes Almanach-Couplet,
Das er als findiger Poet
Ans Licht gebracht aus Staub und Asche,
Wobei er kühnlich *belle Nina*
Ersetzt' durch *belle Tatíana.*

XXVIII.

Zuletzt traf aus dem nahen Städtchen
Die Hoffnung mancher Mütterlein
Und das Idol der reifern Mädchen,
Der Kompaniechef selber, ein;
Und ... hat man so was schon vernommen?
Die Regimentsmusik soll kommen!
Der Oberst selbst hat sie geschickt.
Es wird ein richtiger Ball! Beglückt
Die Mädchen schon im voraus hüpfen;
Doch es ist aufgetragen. Frisch
Geht's paarweis Arm in Arm zu Tisch.
Die Fräulein zu Tatjana schlüpfen,
Den Herren vis-à-vis; ein Kreuz,
Und lärmend setzt man sich bereits.

XXIX.

Für den Moment verstummt das Plappern;
Die Münder kauen. Rechts und links
Nur Teller und Bestecke klappern,
Und von den Gläsern klirrt's und klingt's.
Doch bald, erwacht zu neuem Leben,
Der Gäste Stimmen sich erheben,
Und der Tumult ist allgemein:
Gelächter, Zetern, Quietschen, Schrein,
Da geht die Tür auf, und Onegin
Tritt ein mit Lenski. »Himmel, nein!«
Ruft Tanjas Mutter, »schnell herein!«
Die Gäste rücken ihretwegen
Besteck und Stühle rasch beiseit;
Man setzt die Freunde, daß sie beid'

XXX.

Sich Tanja gegenüber finden,
Die, blasser als der Mond, wenn's tagt,
Und scheuer als die flüchtige Hindin,
Den Blick nicht aufzuheben wagt.
Ihr Aug wird trüb; in ihrem Blute
Pulst Aufruhr; ihr wird schwach zumute;
Kaum nimmt der beiden Freunde Gruß
Sie wahr; schon will der Tränen Fluß
Losbrechen; alles geht im Kreise,
Die Ärmste ist der Ohnmacht nah;
Doch Wille und Vernunft sind da
Noch einmal stärker. Sie bringt leise
Zwei Worte durch die Zähne raus
Und harrt am Tische tapfer aus.

XXXI.

Tragisch-nervöse Phänomene
Wie Ohnmacht oder Tränen warn
Zuwider lange schon Jewgeni,
Der einst genug davon erfahrn.
Dies Riesenfest und sein Getöse
Machten den Sonderling schon böse;
Doch als des Mädchens stummen Schreck
Er sah, schaut' er verärgert weg
Und schwor, gereizt nun reagierend,
Daß Lenski ihm das büßen muß.
Und in der Rache Vorgenuß
Malt' er im Geiste, triumphierend,
Bereits sich alle Gäste aus:
Karikaturen wurden draus.

XXXII.

Natürlich konnte nicht alleine
Jewgeni sehn Tatjanas Schock,
Doch fesselte die allgemeine
Aufmerksamkeit grad ein Pirog,
Gar fett (und salzig auch) geraten;
Doch da bringt man schon, nach dem Braten
Und vor dem Blancmanger, herein
Die Flaschen mit Zymljansker Wein,
Dazu der schlanken Kelche Menge,
Wie deine Taille lang und schmal,
Zizi, mein innigster Kristall,
Objekt unschuldiger Gesänge,
Der Liebe lockender Pokal,
Die mich berauscht so manches Mal.

XXXIII.

Als sie befreit von Korkens Bürde,
Macht *plopp* die Flasche, und der Sekt
Zischt über; da steht auf mit Würde,
Der schon zu lang sein Werk versteckt:
Monsieur Triquet; der Gäste Reigen
Verharrt vor ihm in tiefem Schweigen.
Tatjana ist halbtot. Gewandt
Zu ihr, den Zettel in der Hand,
Singt er, ein wenig falsch. Mit Freuden
Ruft man ihm zu und klatscht. Und sie
Muß knicksen vor der Poesie.
Der Dichter, groß zwar, doch bescheiden,
Trinkt auf ihr Wohl als erster Gast
Und überreicht, was er verfaßt.

XXXIV.

Dem ersten Glückwunsch folgten neue;
Tatjana dankte jedem gleich.
Als an Jewgeni kam die Reihe,
Da hat ihr Anblick müd und bleich,
Die Wirrnis ihrer stummen Schmerzen
Mitleid geweckt in seinem Herzen:
Er neigte sich vor ihr und schwieg,
Doch lag in seines Auges Blick
Etwas so Wunderzartes, Gutes,
Sei's, weil er in der Tat gerührt,
Sei's, weil zum Spaß er kokettiert,
Ob unbewußt, ob echt, was tut es –
Sein Blick verhieß ihr Zärtlichkeit,
Und Tanjas Herz ward wieder weit.

XXXV.

Die abgerückten Stühle lärmen,
Die Menge drängt zur Tür hinaus:
So summt es, wenn die Bienen schwärmen
Ins Feld aus leckrem Wabenhaus.
Schwer schnaufend nach dem Festtagsessen
Spaziern umher die Herrn indessen;
Die Damen gehn zum Feuerplatz;
Im Eck tönt leiser Jungfernschwatz;
Die grünen Tische sind bereitet:
Auf Hasardeure harren schon
Altmodisch l'Hombre und Boston
Und Whist, auch heut noch weitverbreitet,
Die darin gleichen sich aufs Haar,
Daß Langeweile sie gebar.

XXXVI.

Es hatten schon acht Robbersätze
Beim Whist gespielt die tapfern Herrn,
Achtmal gewechselt schon die Plätze,
Da gab es Tee. Ich achte gern
Auf Mittag-, Tee und Abendessen;
So läßt die Zeit sich einfach messen:
Uns auf dem Lande dient als Uhr
An Weckers Statt der Magen nur.
Dazu möcht ich in Klammern sagen:
Ich sprech in meinen Strophen hier
Genausooft vom Eßpläsier,
Von Speisen, Korken und Gelagen,
Wie du, o göttlicher Homer,
Der schon dreitausend Jahr in Ehr!

XXXVII. XXXVIII. XXXIX.

Doch jetzt gibt's Tee: Die Jungfern heben
Die Schälchen züchtig grad empor,
Da klingt vom langen Saal daneben
Fagott und Flöte auf im Chor.
Erfreut von der Musik Akkorden,
Dem Tee mit Rum untreu geworden,
Tritt Petuschkow, der Paris hier,
Auf Olga zu, führt sie zur Tür,
Tanja folgt Lenski; Charlikowa,
Dem Mauerblümchen, reicht galant
Mein Dichter aus Tambow die Hand,
Bujanow schwenkt die Pustjakowa,
Im Saal sind alsbald alt und jung.
Schon ist der Ball in schönstem Schwung.

XL.

Ich plante schon an andrer Stelle
(Im ersten Hefte des Romans),
Einen der Petersburger Bälle
Zu malen in der Art Albans;
Doch, abgelenkt von leeren Träumen,
Schweift ich in der Erinnrung Räumen
Zu mir bekannten Füßchen ab.
Auf euren schmalen Spuren hab
Ich jetzt mich nicht mehr rumzutreiben!
Seit mich die Jugend ließ im Stich,
Wird's Zeit, daß etwas klüger ich
Mein Leben zügle und mein Schreiben,
Und in dies fünfte Heft, wenn's geht,
Mir kein Exkurs mehr reingerät.

XLI.

Betörend, in stets gleicher Weise,
Dreht, wie der Jugend Wirbelwind,
Der Walzer rauschend sich im Kreise,
Huscht Paar um Paar vorbei geschwind.
Der Rache Zeitpunkt näherführend,
Tritt nun, geheimen Spott verspürend,
Onegin zu auf Olga ... und
Tanzt einmal schnell mit ihr ums Rund,
Setzt dann auf einen Stuhl sie nieder,
Macht etwas in Konversation,
Und zwei Minuten später schon
Tanzt Walzer er mit ihr schon wieder;
Ein jeder staunt. Und Lenski traut
Nicht dem, was er mit Augen schaut.

XLII.

Und nun Mazurka! Ja, vorzeiten,
Wenn schmettert' der Mazurka Schall,
Dann zitterten des Saales Weiten,
Kracht' das Parkett vom Absatzknall,
Die Fenster klirrten in den Rahmen;
Doch heut – da gleiten, wie die Damen,
Auch wir behutsam und gênant.
Nur in der Kleinstadt, auf dem Land
Hat die Mazurka sich erhalten
Den schönen ursprünglichen Schwung:
Das Absatzstampfen und der Sprung,
Der Schnurrbart sind hier noch die alten,
Trotz aller Modehörigkeit,
Der neusten Krankheit unsrer Zeit.

XLIII. XLIV.

Bujanow, hier wie stets verwegen,
Führt grad auf unsern Helden zu
Die beiden Schwestern; und Onegin
Hat Olga bei der Hand im Nu;
Er führt sie lässig, anfangs schweigend,
Dann flüstert er, sich zu ihr neigend,
Recht süß ein fades Kompliment,
Drückt ihre Hand – und schon entbrennt
Im selbstzufriedenen Gesichte
Ein tiefres Rot. Mein Lenski sieht
Das alles: Außer sich erglüht,
Von Eifersucht gepackt, der Dichter;
Nach der Mazurka letztem Ton
Holt er sie gleich zum Cotillon.

XLV.

Doch sie lehnt ab. Lehnt ab? Weswegen?
Sie hätt den Tanz schon zugesagt.
Und wem? – O großer Gott! – Onegin!
Was hört er da? Sie hat gewagt ...
Hält man's für möglich? Kaum der Wiege
Entwachsen, kennt sie schon Intrige?
Kokett und treulos, schon als Kind
Unzuverlässig wie der Wind!
Davon kann er sich nicht erholen;
Indem er Weiberlist verschwört,
Geht Lenski raus, verlangt sein Pferd
Und sprengt davon. Ein Paar Pistolen,
Zwei Kugeln werden – ganz allein –
Bald seines Schicksals Richter sein.

SECHSTES KAPITEL

Là sotto i giorni nubilosi e brevi,
Nasce una gente a cui 'l morir non dole.*
(Petrarca)

* Dort unter nebligen und kurzen Tagen
Erwächst ein Volk, das Schmerz nicht spürt beim Sterben.

I.

Lenskis Verschwinden merkt Onegin,
Worauf er sich in Schweigen hüllt,
Erneut dem Überdruß erlegen,
Sobald sein Rachedurst gestillt.
Wie er ward bald auch Olga müder,
Ihr Blick sucht Lenski immer wieder,
Der Cotillon fällt, endlos fast,
Ihr wie ein dumpfer Traum zur Last.
Dann ist er aus. Man geht zu Tische.
Man richtet Betten; für die Nacht
Wird jeder Raum zurechtgemacht,
Selbst Mägdekammer, Flur und Nische,
Denn jeder braucht jetzt Schlaf. Und nur
Onegin gleich nach Hause fuhr.

II.

Zur Ruh kam alles; in dem guten
Salon schwer schnarchend Pustjakow
Und seine schwere Hälfte ruhten;
Gwosdin, Bujanow, Petuschkow
Und Fljanow (mit verkorkstem Magen)
Im Speisesaal auf Stühlen lagen,
Davor am Boden Herr Triquet
In Wattejacke und Cachenez.
Die Jungfern schliefen in Tatjanas
Und Olgas Zimmern auch schon lang;
Allein Tatjana, wehmutsbang,
Beschienen von dem Strahl Dianas,
Am Fenster keine Ruhe fand
Und sah hinaus ins dunkle Land.

III.

Daß er zu ihrem Fest gekommen,
Sie kurz, doch zärtlich angeblickt
Und dann so seltsam sich benommen
Mit Olga – alles das bedrückt
Die Seele ihr zutiefst; verstehen
Kann sie ihn nicht; sie spürt das Wehen
Der Eifersucht, die sie erregt,
Als wenn sich kalt ums Herz ihr legt
Ein Würgegriff, als ob mit Brüllen
Sich vor ihr auftut schwarz ein Schlund ...
Und Tanja sagt: »Ich geh zugrund,
Und tu's doch gern um seinetwillen.
Ich hadre nicht mit dem Geschick;
Er kann nicht geben mir das Glück.«

IV.

Voran, voran, meine Historie!
Ein neuer Held steht schon bereit.
Es lebt fünf Werst von Krasnogorje,
Dem Gute Lenskis, noch bis heut
Gesund und froh auf seinem Hofe
Als weltentrückter Philosophe
Sarezki, der einst ein Filou
Und Kartenspieler war, dazu
Tribun der Kneipenschwärmerbande –
Sitzt jetzt, wer hätte das geglaubt,
Als lediges Familienhaupt
Treu, brav und friedlich auf dem Lande
Und ist sogar ein Ehrenmann:
So schreitet unsre Zeit voran!

V.

Einst pries man nach mondäner Sitte
An ihm den Mut: gefährlich brav!
Wahr ist, daß er auf fünfzehn Schritte
Ein As mit der Pistole traf,
Und auch im Kriege, muß man sagen,
Hat er sich vorbildlich geschlagen,
Als er in wahrem Rauschgefühl
Von seinem Panjepferdchen fiel
Sternhagelvoll, gleich festgenommen
Von den Franzosen: welch ein Hort!
Gleich Regulus auf Ehrenwort
Bereit, zur Haft zurückzukommen,
Um anzuschreiben bei Véry
Drei Flaschen täglich in der Früh.

VI.

Oft zog er andre auf mit Freuden
Und legte die, die wirklich dumm,
Genauso rein wie die Gescheiten,
Sei's gradezu, sei's hintenrum.
Zwar ging aus manch einer Affäre
Auch er hervor nicht ohne Lehre,
Zwar hatt auch er sich schon verrannt,
So daß er keinen Ausweg fand –
Doch er verstand, mit Witz zu streiten,
Bescheid zu tun, heiß oder kalt,
Berechnend zu verstummen bald,
Berechnend zum Eklat zu schreiten,
Bis er zwei junge Freunde dann
Vor die Barrieren stellen kann,

VII.

Beziehungsweise zur Versöhnung
Zu dritt ein Frühstück arrangiert
Und später heimlich zur Verhöhnung
Von beiden Lügen kolportiert.
Sed alia tempora! Die Streiche
(Von Liebesträumen gilt das gleiche)
Vergehn uns mit der Jugendzeit.
So hat sich mein Sarezki heut
Im Duft von Faulbaum und Akazien,
Wie schon gesagt, zur Ruh gesetzt
Und lebt als wahrer Weiser jetzt,
Indem er Kohl pflanzt gleich Horazen,
Enten- und Gänsezucht betreibt
Und mit den Kindern liest und schreibt.

VIII.

Dumm war er nicht; und mein Onegin,
Der ihn als Menschen zwar nicht ehrt,
Mocht ihn des Sachverstandes wegen,
Womit er dies und das erklärt.
So sprach er hin und wieder gerne
Mit ihm und war auch nicht von ferne
Erstaunt, als der frühmorgens schon
Bei ihm sich einfand im Salon.
Sarezki schwieg etwas betreten,
Nachdem sie sich begrüßt, und gab
Sodann mit breitem Grinsen ab
Ein Briefchen unseres Poeten.
Onegin trat aufs Fenster zu
Und überflog's für sich im Nu.

IX.

Es war die höflich ausgestellte
Ausforderung, genannt *Kartell*,
Mit der in förmlich klarer Kälte
Lenski den Freund lud zum Duell.
Zum Überbringer dieser Zeilen
Sprach, ohne lange zu verweilen,
Mit schöner Selbstverständlichkeit
Onegin: *Allezeit bereit.*
Sein Gast versetzte nichts dagegen,
Stand auf und strebte schon hinaus,
Er habe viel zu tun zu Haus,
Und war verschwunden; doch Onegin,
Mit seiner Seele nun allein,
War er mit sich zufrieden? Nein.

X.

Und ganz zu Recht: Als er mit Strenge
Ging mit sich selber ins Gericht,
Fand er Verfehlungen die Menge:
Zum ersten schon gehört sich's nicht,
Der zarten Liebe scheues Sehnen
So, wie er gestern, zu verhöhnen.
Sodann: spielt auch verrückt sogar
Der Dichter – er ist achtzehn Jahr,
Da ist's verzeihlich. Und Onegin,
Der wirklich mag den jungen Mann,
Hätt sich doch zeigen müssen dann
Als Vorurteilen überlegen
Und nicht als Raufbold, kindisch dreist,
Sondern als Mann von Ehr' und Geist.

XI.

Hätt er gezeigt doch sein Gewissen
Und nicht gesträubt sich wie ein Tier;
Er hätte doch entwaffnen müssen
Das junge Herz. »Jedoch dafür
Ist leider der Moment verpaßt schon ...
Auch « – denkt er – » ist damit befaßt schon
Ein eingefleischter Duellist,
Der klatscht, der niederträchtig ist ...
Eine verächtliche Erscheinung,
Natürlich; doch ein Flüstern schon,
Und dann der Toren lauter Hohn ...«
Ja, ja, die öffentliche Meinung!
Der Götze Ehre treibt uns an –
Und darum dreht die Welt sich dann!

XII.

Der Dichter, brennend auf die Fehde,
Kann kaum erwarten mehr die Zeit;
Da bringt in wohlgesetzter Rede
Der Nachbar freudig den Bescheid.
Das kam der Eifersucht gelegen!
Bangt' er doch ständig, daß Onegin
Den Fall ins Lächerliche zieht
Und so mit einem Trick entflieht
Dem Zwange, sich als Mann zu schlagen.
Nun sind die Zweifel ausgeräumt:
Sie fahren also ungesäumt
Zur Mühle morgen früh im Wagen
Und laden, spannen, treten vor
Und zieln auf Schenkel oder Ohr.

XIII.

Lenski, zu hassen wild entschlossen,
Will, wegen Olgas Extratour,
Sie meiden, bis er sich geschossen,
Schaut auf die Sonne, auf die Uhr,
Und läßt dann doch den Vorsatz fahren –
Und schon ist er im Hause Larin.
Er dachte wohl, sie wär verstört,
Wenn sie von seiner Ankunft hört;
Doch weit gefehlt: Um zu begrüßen
Den armen Sänger, sprang geschwind
Die Trepp' hinab sein Olgakind,
Der Hoffnung gleich, auf leichten Füßen,
So fröhlich, jeder Sorge bar,
Genauso, wie sie immer war.

XIV.

»Was trieb Sie gestern fort so frühe?«
War Olgas allererstes Wort.
Lenski begriff das nur mit Mühe
Und stand dann stumm bedeppert dort.
Die Eifersucht war auf der Stelle
Dahin vor dieses Blickes Helle,
Vor dieser schlichten Herzlichkeit,
Vor dieser Unbekümmertheit! ...
Er schaut sie an und will vergehen;
Er sieht: er wird ja noch geliebt;
Er möchte, reuevoll betrübt,
Von ihr Vergebung schon erflehen,
Er zittert, sucht nach Worten, und
Ist glücklich, ist schon fast gesund ...

XV. XVI. XVII.

Dann, wiederum betrübt im Innern,
Traut sich Wladimir offenbar
Nicht, seine Olga zu erinnern
An alles das, was gestern war.
Er denkt: »Zu ihrem Heil und Glücke
Bekämpf ich des Verderbers Tücke,
Daß er nicht schmeichelnd und verrucht
Das jugendliche Herz versucht;
Daß nicht im Lilienstengel wüte
Der Wurm von Abscheu, Gift und Hohn;
Daß nicht am zweiten Morgen schon
Hinwelke die kaum Halberblühte!«
Mit alledem ist schlicht gemeint:
Ich schieße mich mit meinem Freund.

XVIII.

Hätt er gewußt nur, welche Wunde
In meiner Tanja Herz jetzt pocht,
Und hätt Tatjana irgend Kunde,
Hätt sie zu ahnen nur vermocht,
Daß morgen Lenski und Onegin
Das Los um Tod und Leben zögen,
Ach, ihre Liebe hätt wohl gar
Wieder vereint das Freundespaar!
Doch hatte nicht mal aus Versehen
Jemand erfahren von dem Plan.
Onegin schwieg als Ehrenmann,
Tatjana litt nur ungesehen;
So blieb die Njanja nur allein,
Und der fiel nie was auf und ein.

XIX.

Zerstreut den ganzen Abend über,
War Lenski schweigsam bald, bald froh;
Doch wen die Muse früh schon lieber
Als andre hat, der ist halt so.
Stirnrunzelnd griff am Klavichorde
Er weiter nichts als nur Akkorde
Und flüsterte zu Olga hin:
»Es stimmt doch, daß ich glücklich bin?
Doch jetzt muß ich nach Haus.« So enge
Ward da sein Herz vor stillem Gram;
Und als er von ihr Abschied nahm,
Da war es ihm, als ob's zerspränge.
Sie schaut ihn an und wagt das Wort:
»Was ist mit Ihnen?« – »Nichts.« – Und fort.

XX.

Bei Kerzenschein legt er sich nieder,
Schaut die Pistolen nach, darauf
Tut er sie in den Koffer wieder
Und schlägt dann seinen Schiller auf;
Doch nur ein einziger Gedanke
Bewegt sein Herz, das sehnsuchtkranke:
Und er vermeint, unsagbar schön,
Jetzt Olgas Bild vor sich zu sehn.
Wladimir läßt das Lesen bleiben
Und greift zur Feder: Ein Gedicht
Voll von verliebtem Unsinn, bricht
Sich tönend Bahn. Er spricht's beim Schreiben
Laut vor in lyrischem Elan,
Wie's Delwig oft im Rausch getan.

XXI.

Die Verse haben sich gefunden,
Zum Glück besitz ich sie noch heut:
»Wohin, wohin bist du entschwunden,
Du meines Frühlings güldne Zeit?
Was wird der neue Tag mir bringen?
Vergebens sucht mein Blick zu dringen
Ins tiefe Dunkel, das ihn hüllt.
Wozu? Mein Schicksal wird erfüllt.
Und stürzt' ich hin, durchbohrt vom Pfeile,
Und stünd ich, weil er mich nicht traf,
Recht ist's: Das Wachen wie der Schlaf
Hat seine vorbestimmte Weile;
Ein Heil dem Tag, der Sorgen bringt,
Ein Heil dem Dunkel, wenn es sinkt!

XXII.

Auch morgen strahlt des Frühlichts Labe,
Und hell erglänzt der heitre Tag,
Doch meiner harrt vielleicht im Grabe
Geheimnisvoller Schattenhag.
Des jungen Dichters Angedenken
Wird Lethes stiller Strom ertränken,
Vergessen mich die Welt; doch du,
Wirst du der frühen Urne Ruh,
O Schöne, deine Zähre borgen
Und denken: Ja, er liebte mich,
Nur mir alleine weihte sich
Des wilden Lebens Trauermorgen! ...
Ersehnte Herzensfreundin mein,
O komm: dein Gatte harret dein! ...«

XXIII.

So schrieb er *dunkel* und *gebrochen*
(Man sagt, daß das Romantik sei,
Ich finde daran ausgesprochen
Romantisch nichts – doch einerlei!),
Und kurz vorm Frührot sank am Ende
Das müde Haupt ihm auf die Hände,
Beim Stichwort *Ideal du mein*
Schlief Lenski still und leise ein.
Doch kaum fand er in Traumes Armen
Vergessen, als mit lautem Schritt
Der Nachbar sein Gemach betritt,
Um ihn zu wecken ohn Erbarmen:
»Steht auf: die Uhr ist sieben gleich.
Onegin wartet schon auf Euch.«

XXIV.

Jedoch, er täuschte sich: In Wahrheit
Schlief da Onegin noch wie tot.
Nachtschatten wichen schon der Klarheit,
Längst grüßt' der Hahn das Morgenrot;
Onegin schläft ganz unbekümmert.
Im Strahl der jungen Sonne schimmert,
Vom Kräuselwinde leicht gewiegt,
Der Schneestaub glitzernd; doch es liegt
Im Bett noch immer mein Onegin,
Beschattet von des Schlafes Macht.
Da endlich ist er aufgewacht,
Steht auf, den Vorhang zu bewegen,
Schaut durch den Spalt und sieht – o Schreck,
Er müßte ja schon lange weg.

XXV.

Rasch klingelt er. Da tritt ins Zimmer
Sein Diener, der Franzos Guillot,
Bringt Hausschuh, Morgenrock wie immer,
Und reicht ihm Hemd an und Jabot.
Onegin schlüpft in seine Sachen
Und heißt Guillot sich fertigmachen
Zur Ausfahrt und zu richten auch
Das Köfferchen zum Kampfgebrauch.
Der Schlitten steht alsbald am Tore,
Schon jagen sie zur Mühle los,
Sind da, und schon trägt der Franzos
Lepages verhängnisvolle Rohre
Ihm nach. Er schickt die Pferde fort
Ins Feld zu den zwei Eichen dort.

XXVI.

Am Wehre, das den Bach versperrte,
Längst ungeduldig Lenski lehnt,
Indes Sarezki als Experte
Am Mühlstein die Mechanik höhnt.
Sogleich entschuldigt sich Onegin.
Sarezki fragt erstaunt dagegen:
»Ja, wo ist denn Ihr Sekundant?«
Als klassischer Duellpedant
Hatt' er Geschmack an der Methode,
Und einen Menschen ließ er nie
Umlegen einfach irgendwie,
Nein, nur nach altbewährtem Kode
Und allen Regeln strenger Kunst
(Wodurch er steigt in unsrer Gunst).

XXVII.

»Mein Sekundant?« versetzt Onegin,
»Mein Freund hier ist's, *Monsieur Guillot.*
Dem Vorschlag steht wohl nichts entgegen,
Zumindest wüßt ich nicht, wieso:
Ein Mann, den zwar nicht alle kennen,
Doch sicher ehrenwert zu nennen.«
Sarezki schluckt noch an dem Wort,
Onegin aber fährt gleich fort:
»Beginnen wir?« – »Ja, meinetwegen«,
Antwortet Lenski. Und sie gehn
Hinter die Mühle. Abseits stehn,
Die Konditionen festzulegen,
Sarezki und sein *Ehrenmann.*
Die Feinde schauen sich nicht an.

XXVIII.

Die Feinde! Ach, wie lang denn lag es
Zurück, daß Blutdurst sie entzweit?
Wie lang war's her, daß sie des Tages
Gespräch und Mahl und freie Zeit
Vereint verbracht? Und nun, verbissen
Und wie von Erbfeindschaft zerrissen,
Gleichsam in eines Alptraums Nacht,
Ist jeder still für sich bedacht,
Kaltblütig Unheil anzurichten ...
Tät ihnen nicht ein Lachen gut,
Eh ihre Hand sich färbt mit Blut,
Ließ' sich der Streit nicht gütlich schlichten? ...
Doch mehr als alles scheut die Welt,
Was fälschlich sie für Schande hält.

XXIX.

Die Läufe der Pistolen blitzen,
Hell klingt der Ladestock aus Stahl,
Im Lauf alsbald die Kugeln sitzen,
Es knackt der Hahn zum erstenmal.
Das Pulver rieselt auf die Pfannen
In grauem Strahl. Noch ist zu spannen
Der Bolzen, feuersteinbewehrt
Und gut verschraubt. Da lenkt verstört
Zum nächsten Baum Guillot die Tritte.
Der Gegner Mäntel liegen schon.
Sarezki mißt mit Präzision
Jetzt ab die zweiunddreißig Schritte,
Führt jeden Freund zu seinem Rand,
Drückt ihm die Waffe in die Hand.

XXX.

»Nun tretet an!« – Und kalten Blutes,
Die Waffen noch gesenkt in Ruh,
Tun beide Gegner festen Mutes
Vier Schritte aufeinander zu,
Vier Stufen auf der Todesleiter.
Jewgeni hebt, indem er weiter
Vorangeht, die Pistole sacht
Als erster an. Schon sind gemacht
Fünf weitre Schritte, und zum Zielen
Kneift jetzt das linke Auge zu
Auch Lenski – doch im gleichen Nu
Schon drückt Onegin ab ... Es fielen
Die Lose schon: Der Dichter hält
Im Schreiten ein, die Waffe fällt,

XXXI.

Er hebt die Hand noch still zum Herzen
Und bricht zusammen. Und sein Blick
Malt trüb den Tod nur, keine Schmerzen.
So löst am Berge still ein Stück
Vom Schnee sich in der Sonne Blinken,
Um leis den Hang hinabzusinken.
Onegin schaudert es. Er fliegt
Zur Stelle, wo der Jüngling liegt,
Er schaut, er ruft ihn an ... vergebens:
Der junge Sänger ist nicht mehr.
Ein allzu frühes End fand er,
Sturm ließ die Blüte seines Lebens
Verwelken, als noch Morgen war,
Das Feuer losch auf dem Altar! ...

XXXII.

Da lag er, reglos, seltsam offen
Die Stirne, müden Friedens voll.
Wo das Geschoß die Brust getroffen,
Der Wunde dampfend Blut entquoll.
Und dieses Herz war doch noch eben
Erfüllt von der Begeistrung Beben,
Von Feindschaft, Hoffnung, Liebesglut,
Dort pulste Leben, heißes Blut! –
Und jetzt, wie wenn ein Haus verlassen,
Herrscht Stille dort und Dunkelheit;
Es ist verstummt für alle Zeit.
Die Läden dicht, die Fenster blassen
Von Kreide weiß. Die Hausfrau floh.
Wohin? Gott weiß. Ins Nirgendwo.

XXXIII.

Wohl tut's, den Feind mit Epigrammen
Zu treffen, wenn er nicht dran denkt;
Wohl tut's, zu sehn, wenn er, zum Rammen
Die Hörner schon voll Wut gesenkt,
Zufällig in den Spiegel schaute,
Und ihm dann vor sich selber graute;
Und wohler, wenn er außer sich
Aus Blödheit brüllt: Das bin ja ich!
Noch wohler tut es, ihm im stillen
Zu wünschen einen Ehrenkranz
Und dann aus nobeler Distanz
Auf seine blasse Stirn zu zielen;
Doch wirklich zu den Vätern gleich
Ihn schicken, wird kaum wohltun Euch.

XXXIV.

Wie, wenn durch Sie in solcher Fehde
Ein junger Freund gefallen wär,
Der Sie mit Blicken oder Rede
Und derlei Nichtigkeiten mehr
Beleidigte im Zecherkreise
Oder der selbst, gereizterweise,
Sie stolz vor die Barrieren lud:
Wie wär es Ihnen dann zumut,
Was überkommt Sie, wenn vor Ihnen
Er regungslos am Boden liegt,
Die Stirne schon vom Tod besiegt,
Wenn Starrheit schleicht in seine Mienen,
Wenn Ihr entsetzter Anruf dann
Ihn schon nicht mehr erreichen kann?

XXXV.

Onegin schaut, die Waffe pressend,
In quälender Gewissensnot
Auf Lenski hin, sich selbst vergessend.
Der Nachbar schließt: »Tja, der ist tot.«
Ist tot! ... Dies Schreckenswort erschüttert
Onegin tief. Er geht und zittert
Und ruft nach seiner Dienerschaft.
Sarezki legt gewissenhaft
Den kalten Leichnam auf den Schlitten
Und fährt den grausen Schatz nach Haus.
Unruhig schnaubend schlagen aus
Die Pferde, die den Toten wittern,
Schaum flockt auf den Kandaren schon,
Und wie der Blitz sind sie davon.

XXXVI.

Ihr, Freunde, klagt um den Poeten:
Erblüht zu hoffnungsfrohem Tun,
Das noch nicht in die Welt getreten,
Ist er, kaum aus den Kinderschuhn,
Verwelkt! Wo ist das heiße Beben,
Wo ist das hohe, edle Streben
Von Denken und Empfinden, jung,
Erhaben, innig und voll Schwung?
Wo ist der Liebe wild Begehren
Und Wissensdurst und Tatendrang,
Und Scheu vor Laster, Schmach und Zwang,
Und ihr, geliebteste Chimären
Der erdentrückten Phantasie,
Ihr, Träume hehrer Poesie!

XXXVII.

Vielleicht war er zum Heil der Erde
Geboren, oder doch zum Ruhm,
Daß einst ein Ton vernommen werde
Von seiner Leier, die nun stumm,
Der fort in fernste Zeiten klänge.
Vielleicht war in der Welt der Ränge
Ihm zugedacht ein hoher Rang.
Vielleicht auch nahm im Untergang
Mit sich sein märtyrhafter Schatten
Ein heiliges Geheimnis, und
Sein zeugend Wort wird nie uns kund,
Nun, da durch seines Grabes Platten
Nie mehr der Zeiten Hymnus dringt,
Der Völker Lobpreis nie ihm singt.

XXXVIII. XXXIX.

Doch wär's vielleicht auch so gekommen:
Ein Los wie viele andre halt.
Des Jünglings Glut wär rasch verglommen,
Erkaltet seine Seele bald.
Er hätte sich, anstatt zu dichten,
Vermählt, um sich dann einzurichten
Als Hahnrei glücklich auf dem Land;
Im Watteschlafrock als Gewand
Hätt er erfahrn das wahre Leben,
Mit vierzig Podagra gehabt,
Sich stumpf an Speis und Trank gelabt,
Stets dicker, kränker, bis umgeben
Von Kindern, Weibern, Badern er
In seinem Bett gestorben wär.

XL.

Jedoch, wie dem auch sei, mein Leser,
O weh, der junge Liebesheld,
Poet und tiefe Traumverweser
Ist nun von Freundeshand gefällt.
Vom Gut, wo der Begeistrung Quelle
Ihn nährte, liegt linksab die Stelle:
Zwei Kiefern dort verwachsen sind
Mit ihren Wurzeln, und es rinnt
Der nachbarliche Bach darunter;
Dort ruht der Pflüger gern im Gras,
Dort schöpft die Schnitterin vom Naß,
Und ihre Krüge klingen munter;
Dort steht im tiefsten Schattenhain
Am Bach ein schlichtes Mal aus Stein.

XLI.

Dort sitzt (im Frühjahr Obdach findend,
Wenn Regen lind die Flur besprüht)
Der Hirt, den bunten Bastschuh bindend,
Und singt ein Wolgafischerlied.
Und jene junge Unbekannte,
Die, sommersüber auf dem Lande,
Der Stadt entflohen, ganz allein
Gern im Galopp sprengt querfeldein,
Hier zügelt sie ihr Roß im Rennen,
Hält an und hebt den dünnen Flor
Auf ihren Sommerhut empor,
Um besser lesen so zu können
Die schlichte Inschrift – und benetzt
Von Tränen glänzt ihr Auge jetzt.

XLII.

Im Schritt schon reitet fort aufs Feld sie
Mit traumverlorner Seele dann,
Und lange unwillkürlich hält sie
Das Schicksal Lenskis noch in Bann;
Sie denkt: »Wie's Olga wohl ergangen?
Blieb lang ihr Herz im Schmerz gefangen,
War bald der Tränen Frist gesetzt?
Und wo ist ihre Schwester jetzt?
Wo ist der Welt- und Menschenflüchter,
Der Modeliebchen modisch haßt,
Der wetterwendische Phantast,
Der hier erschoß den jungen Dichter?«
Geduld! Ich geb euch mit der Zeit
Bericht von jeder Einzelheit,

XLIII.

Nur jetzt nicht. Wohl hab ich gebührlich
Von Herzen meinen Helden gern
Und komm auf ihn zurück natürlich,
Doch im Moment liegt er mir fern.
Mein Alter drängt zur strengen Prose,
Vertreibt die Poesie, die lose,
Und ich – mit Seufzen sei's bekannt –
Umwerb sie nicht mehr so galant.
Die Feder mag auf leichten Bögen
Nicht froh wie früher Linien ziehn;
Ganz andre, kalte Phantasien,
Ganz andre, ernste Sorgen regen
Im Stillen wie im Weltenlauf
Die Träume meiner Seele auf.

XLIV.

Ich lernte andre Wünschbarkeiten,
Ich lernte neue Traurigkeit;
Die frühren spür ich mir entgleiten,
Um alte Trauer tut mir's leid.
Wo seid ihr, Träume, Täuschungstugend?
Wo bist du, ewiger Reim drauf: *Jugend*?
Ist denn am Ende wirklich ganz
Verwelkt, verwelkt dein Blütenkranz?
Ist – nicht elegisch übertrieben,
Vielmehr in voller Wirklichkeit –
Vorüber meine Frühlingszeit
(Was ich sonst oft im Scherz geschrieben)?
Kommt nie sie wieder, ist das wahr?
Bin ich im Ernst bald dreißig Jahr?

XLV.

Jawohl, der Mittag naht, bequemen
Muß ich mich wohl, das einzusehn.
So will als Freund ich Abschied nehmen
Von dir, o Jugend leicht und schön!
So sag ich Dank denn für Genüsse,
Für Wehmut, liebliche Verdrüsse,
Lärm, Stürme, manches reiche Mahl,
Für deiner Gaben ganze Zahl
Sag ich dir Dank. Zur Zeit der Nöte,
Zur Zeit der Stille hab ich dich
Genossen ... und zwar ordentlich;
Genug! Mit klarer Seele trete
Ich an zu neuen Wegen nun,
Vom frühren Leben auszuruhn.

XLVI.

Ein Blick zurück. Lebt wohl, ihr Räume,
Wo lange Jahre auf dem Land
Die Seele aussann tiefe Träume,
Ich Leidenschaft und Muße fand.
Du, junge Eingebung vor allem,
Laß noch die Phantasie mir wallen,
Beleb des Herzens Schläfrigkeit,
Flieg oft in meine Einsamkeit,
Daß mir die Seele nicht vereise,
Verbittert werde, spröd und hart,
Und schließlich ganz zu Stein erstarrt
Im Taumelgift mondäner Kreise,
In diesem trüben Pfuhl, wo ich
Mit euch, ihr Freunde, suhle mich!

SIEBENTES KAPITEL

O Moskau, Rußlands liebste Tochter,
Wo fände deinesgleichen man?
(Dmitrijew)

Wer liebte unser Moskau nicht?
(Baratynski)

Da macht man Moskau schlecht,
vom vielen Reisen blind!
Wo ist's denn besser? –
– Da, wo wir nicht sind!
(Gribojedow)

I.

Vom Frühlingssonnenstrahl gelichtet,
Hat schon der Schnee vom Hügelrund
In trüben Bächen sich geflüchtet
Zum überschwemmten Wiesengrund.
Still lächelnd, noch im Schlaf geborgen,
Grüßt die Natur des Jahres Morgen;
Der Himmel leuchtet tiefer blau,
Den Wald, noch durchsichtig und grau,
Belebt schon grüner Flaum mitunter.
Die Biene fliegt, des Felds Tribut
Zu sammeln, aus der Wabe Hut.
Das Tal wird trockener und bunter;
Die Herde blökt, und nachts erklang
Bereits der Nachtigall Gesang.

II.

Wie traurig-trüb stimmt mich dein Kommen,
O Frühling, Frühling! Liebeszeit!
Welch dumpfes Regen macht beklommen
Sich mir in Blut und Seele breit!
Mit welch bedrückend schwerer Rührung
Genieße ich die Hauchberührung
Des Lenzes, der mich überfällt
In meiner ländlich stillen Welt!
Ob ich die Lust denn nicht mehr teile
Und alles, was erfreut, erquickt,
Was jauchzt und glänzt, mir nur bedrückt
Mit Müdigkeit und Langeweile
Die Seele, die schon längst verschied
Und nur noch Dunkel um sich sieht?

III.

Macht unfroh uns das Wiederkehren
Des Laubes, das im Herbst verschwand,
Weil uns an bitteres Entbehren
Des Waldes neues Rauschen mahnt;
Läßt der Natur erneutes Leben
Bei dem Gedanken uns erbeben,
Daß wir nur welken Jahr um Jahr,
Der Hoffnung auf Erneuung bar?
Ob gar vorm innern Aug erwachte
In dichterischer Transparenz
Ein andrer, längst vergangner Lenz
Und unser Herz erzittern machte
Vorm Traumbild eines fernen Lands,
Verwunschner Nacht im Mondesglanz ...

IV.

's ist Zeit nun: brave Müßiggänger,
Weltweise, frei nach Epikur,
Ihr, ungerührte Glücksempfänger,
Ihr, Ljowschins Jünger der Natur,
Ihr, Priami im Landkreisrahmen,
Und ihr, sentimentale Damen,
Euch ruft der Lenz, aufs Land zu ziehn,
Die Zeit der Wärme, Blüten, Mühn,
Der einfallsreichen Lustpartieen
Und manch verführerischer Nacht.
Hinaus nun, Freunde, schnell gemacht!
Laßt schwerbepackte Kutschen ziehen
Mit eignem oder Postgespann
Durchs Tor der Städte und rückt an!

V.

Auch Sie, geneigter Leser, sollen
Im Wagen, den Sie importiert,
Sich fort vom Großstadttrubel trollen,
Der Sie im Winter amüsiert.
Auf, folgen wir der Muse Laune
Und lauschen nun des Hains Geraune
Dort überm namenlosen Fluß,
Im Dorf, wo mein Eugenius
Weltflüchtig, tatenlos und trübe
Noch bis vor einem halben Jahr
Der jungen Tanja Nachbar war,
Der Träumerin, die ich so liebe,
Und wo an ihn erinnert nur
Die traurig hinterlaßne Spur.

VI.

Ins Tal, von Hügeln halb umründet,
Laßt uns hinabgehn, dort hinein,
Wo sich der Bach durch Wiesen windet
Zum Flusse hinterm Lindenhain.
Da lockt der Nachtigall Gekose
Den Lenz; da blüht die Heckenrose,
Und man vernimmt der Quelle Wort –
Ein Mal aus Stein gewahrt man dort,
Wo zwei uralte Kiefern ragen.
Die Inschrift, Wandrer, kündet dir:
»Wladimir Lenski liegt allhier,
Der fiel als Held in jungen Tagen
So und so alt, im Jahr ... Nun ruh
In Frieden, Dichterjüngling, du!«

VII.

Wo sich die Kiefern tiefer biegen,
Ließ einst der linde Morgenwind
Ob diesem schlichten Stein sich wiegen
Geheimnisvoll ein Kranzgebind.
Einst haben sich in Abendstunden
Zwei Freundinnen hier eingefunden
Und, bei des Mondes Schein vereint,
Am Grab umarmt sich und geweint.
Doch heut ... das Denkmal steht vergessen
Und traurig da; verwachsen ganz
Der Pfad zu ihm; am Zweig kein Kranz.
Nur, grau und kränklich schon indessen,
Singt immer noch der Hirte dort
Und flicht sein ärmlich Schuhwerk fort.

VIII. IX. X.

Mein armer Lenski! Kurz nur tobte
Ihr Schmerz und ließ sie weinen auch.
O weh! Es brach die Jungverlobte
Die Treue bald dem Trauerbrauch.
Ein andrer wußt ihr zu gefallen,
Ein andrer lullte ihre Qualen
Mit Liebesschmeicheleien ein,
Ja, ein Ulan nennt bald sie sein,
Ja, er ist ihrer Seele teuer ...
Und schon steht sie vor dem Altar
Mit ihm, den Hochzeitskranz im Haar,
Verschämt, den Kopf geneigt, doch Feuer
Im scheu gesenkten Blicke und
Ein leichtes Lächeln um den Mund.

XI.

Mein armer Lenski! Wird da drüben
In dumpfer Ewigkeit Gebiet
Den Schwermutsänger wohl betrüben
Die Kunde, daß sie ihn verriet,
Oder vergißt in Lethes Schlummer
Er fühllos-selig Freud und Kummer,
Und treibt den Dichter nichts mehr um,
Bleibt ihm die Welt verhüllt und stumm? ...
Ja! Uns erwartet, wenn wir sterben,
Gleichgültiges Vergessen dort.
Des Feinds, des Freunds, der Liebsten Wort
Verstummt sogleich. Und nur die Erben
Erheben würdelos voll Wut
Noch ihr Gezänk um Hab und Gut.

XII.

Auch Olgas Stimmchen war verklungen
Sehr bald im Hause Larin schon,
Weil ihr Ulan, vom Dienst gezwungen,
Sie mitnahm in die Garnison.
Und als es ging ans Abschiednehmen,
Zerfloß beinah in Tränenströmen
Des alten Mütterchens Gesicht.
Tatjana aber weinte nicht,
Nur eine Totenblässe machte
Sie trauriger als je zuvor.
Und als dann jeder noch am Tor
Geschäftig Abschiedsgrüße brachte
Zu dem Gefährt der jungen Leut,
Gab Tanja ihnen das Geleit.

XIII.

Und lange wie durch Nebeltreiben
Sah sie noch nach dem jungen Paar ...
Allein, allein muß Tanja bleiben!
O weh! Auch die, die Jahr um Jahr
Ihr Herz als gute Freundin kannte,
Ihr Täubchen, wie sie oft sie nannte,
Ist ihr entrissen vom Geschick
Und kehrt nie mehr zu ihr zurück.
Sie wandert ziellos wie ein Schemen,
Schaut in den Garten, der verwaist ...
Nichts, was ihr irgend Trost verheißt,
Was lindernd könnte von ihr nehmen
Der unterdrückten Tränen Last –
Das Herz wär ihr zersprungen fast.

XIV.

Und in so grausam leeren Stunden
Brennt stärker ihre Leidenschaft,
Und von Onegin, der entschwunden,
Spricht ihr das Herz mit neuer Kraft.
Sie wird ihn nie mehr wiedersehen;
Sie sollte sich zum Haß verstehen
Und ihn als Brudermörder sehn;
Zwar starb der Dichter ... doch an den
Denkt niemand mehr, mit einem andern
Schon seine Braut von dannen zog.
Des Dichters Andenken verflog
Wie Wölkchen, die am Himmel wandern;
Zwei Herzen gibt's vielleicht, die hier
Um ihn noch trauern ... Doch wofür? ...

XV.

’s war Abend. Blaß der Himmel. Leise
Das Wasser rinnt. Ein Käfer summt.
Verklungen war die Dorftanzweise,
Schon glomm am Fluß, vom Rauch vermummt,
Ein Fischerfeuer. Auf dem Felde,
Das silbrig schon der Mond erhellte,
Da ging, vertieft in Träumerein,
Tatjana lange Zeit allein.
Sie ging und ging. Und sah von weitem
Auf einmal vor sich Dorf und Schloß,
Den Bach, der hell vom Hügel floß,
Und Hain und Garten ihm zu Seiten.
Sie schaut – und unwillkürlich schlägt
Ihr Herz auf einmal aufgeregt.

XVI.

Sie wird von Zweifeln überfallen:
»Geh ich zurück, geh ich voran? ...
Er ist ja fort. Fremd bin ich allen ...
Ich schau mir Haus und Garten an.«
Ins Tal hinab Tatjana schreitet
Kaum atmend; hier- und dorthin gleitet
Ihr Blick befremdet noch umher ...
Dann tritt sie ein, der Hof ist leer.
Doch kläffend kommen angesprungen
Die Hunde. Tanjas Schreckensschrei
Ruft eine Kinderschar herbei.
Geräuschvoll scheuchen ein paar Jungen
Die Köter fort, nicht ohne Streit
Dem Fräulein bietend ihr Geleit.

XVII.

»Werd ich das Haus mal ansehn können?«
Erkundigt Tanja sich. Sofort
Die Kinder zu Anisja rennen,
Die Schlüssel zu besorgen dort,
Anisja ist auch gleich erschienen,
Die Türe tat sich auf vor ihnen,
Und Tanja tritt ins leere Haus,
Wo unser Held ging ein und aus.
Sie schaut sich um: Im Saale ruhte
Vergessen auf dem Tisch das Queue,
Auf dem zerbeulten Kanapee
Lag eine Gerte. Und die Gute
Erklärt ihr am Kamin aus Stein:
»Hier saß der Barin oft allein.

XVIII.

Hier speiste mit ihm letzten Winter
Der Nachbar selig, Lenski, gern.
Jetzt bitte hier entlang! Dahinter,
Da ist das Zimmer unsres Herrn,
In dem er schlief, Kaffee verzehrte,
Den Vortrag des Verwalters hörte
Und morgens las, das war sein Brauch ...
Der alte Barin wohnt' hier auch;
Oft mußt ich ihm die Brille holen
Am Sonntag, und am Fenster hier,
Da spielt' er Schafskopf dann mit mir.
Sein Seelenheil sei Gott befohlen,
Herr, gönn auch seinen Knochen nun,
Bei Mutter Erde auszuruhn!«

XIX.

Tatjana schaut gerührten Blickes
Auf jede teure Einzelheit,
Und alles scheint ihr, als beglück es,
Beleb der Seele Mattigkeit
Mit Trost, der noch vermischt mit Schmerzen:
Der Tisch, mit den erloschnen Kerzen,
Der Stoß von Büchern, und das Bett
Dort unterm Tuch vorm Fensterbrett,
Der Blick hinaus, wo überflossen
Vom Mondlicht dämmernd liegt das Land,
Das Bildnis Byrons an der Wand,
Und das Figürchen, erzgegossen,
Das, tief den Hut zur Stirn gerückt,
Die Arme kreuzt und finster blickt.

XX.

Tatjana in der Modeklause
Noch lange wie verzaubert steht.
Doch es ist spät, sie muß nach Hause.
Ein kühler Wind vom Tal her weht.
Der Hain schläft; Nebelschwaden steigen,
Der Mond will sich schon nicht mehr zeigen,
Die junge Pilgerin muß heut
Noch heim, es ist schon höchste Zeit.
Und Tanja ringt mit Mühe nieder,
Was sie bewegt, und tritt sodann,
Aufseufzend, doch den Heimweg an.
Doch bittet sie noch, daß sie wieder
Mal kommen darf gelegentlich,
Zum Bücherlesen still für sich.

XXI.

Tatjana sagt Lebwohl der Alten
Am Tor. Doch schon zwei Tage drauf
Ist sie frühmorgens nicht zu halten
Und sucht das Gutshaus wieder auf,
Hat dort im stillen Raum gesessen
Und eine Zeitlang zu vergessen
Die ganze andre Welt gemeint
Und lange still für sich geweint.
Ist dann die Bücher durchgegangen,
Nach denen ihr erst gar nicht war,
Doch deren Auswahl so bizarr
Ihr schien, daß Feuer sie gefangen
Und gierig immer weiter las;
Welch eine andre Welt war das!

XXII.

Zwar wissen wir, daß längst verloren
Jewgeni jede Lust am Buch,
Doch ein paar Werke und Autoren
Nahm er schon aus von seinem Fluch:
So den, der sang von Don Juanen,
So auch zwei, drei von den Romanen,
In denen spiegelt sich die Zeit,
Und worin auch der Mensch von heut
Recht wahr gemalt ist nach dem Leben
Mit seiner Seele Unmoral,
Die, eigensüchtig, dürr und kahl,
Phantasmen maßlos sich ergeben,
Mit seinem aufgebrachten Geist,
Der sich in leerem Tun verschleißt.

XXIII.

Es wahrte hier gar manche Seite
Noch seines Nagels scharfen Strich;
Und grade solchen Stellen weihte
Ihr lebhaftes Interesse sich.
Tatjana sah daran mit Bangen,
Was einst Onegin nahgegangen,
Welchem Gedanken, welchem Wort
Er schweigend zugestimmt sofort.
Notizen hat sie angetroffen
Von seinem Stift in manchem Fall.
Onegin legte überall
Ganz ungewollt sein Wesen offen,
Ob's nun ein Kreuz, ein Kommentar,
Ein krummes Fragezeichen war.

XXIV.

Und langsam, aber unaufhaltsam
Wird meiner Tanja – Gott sei Dank –
Nun klarer der, den so gewaltsam
Das Schicksal sie zu lieben zwang:
Der Kauz, so traurig wie gefährlich,
In dem sie einst vermutet ehrlich
Bald Höllenbrut, bald Himmelsbild,
Ihr Engel rein, ihr Dämon wild,
Was ist er nun? Imitation nur,
Ein Moskauer in Harolds Plaid,
Ein leerer Wahn, ein Interpret
Von angelesner Konfusion nur,
Ein Modewörterdiktionär? ...
Vielleicht nur Parodie, nicht mehr?

XXV.

Ob sie damit gelöst indessen
Das Rätsel? Ist das *Wort* heraus?
Die Stunden fliehn; sie hat vergessen,
Daß man sie lange schon zu Haus
Erwartet, wo zwei Nachbarn eben
Sie zum Gesprächsthema erheben.
– »Was tun? Tatjana ist kein Kind«,
Die Mutter seufzend grad beginnt,
»Wo Olga jünger ist als Tanja.
Zeit wär es für das Mädchen, ach,
Wenn ich nur wüßte, wie ich's mach.
Das gleiche sagt sie jedem Mann ja:
Kommt nicht in Frage! Und läuft nur
Vergrämt allein durch Wald und Flur.« –

XXVI.

»Ist sie vielleicht verliebt?« – »In wen denn?
Bujanow warb: nichts wurde draus.
Und Petuschkow – wollt sie ihn sehn denn?
Dann kam noch der Husar ins Haus,
Pychtin; wie der sie angehimmelt
Und immer um sie rumgewimmelt!
Schon meint ich: diesmal geht's wohl gut;
Von wegen! Wieder ging's kaputt.« –
»Tja, Mutter, wozu lang sich quälen?
Nach Moskau auf den Brautmarkt, los!
Wie's heißt, ist der Bedarf dort groß.«
– »Oh, Väterchen! Die Mittel fehlen.« –
»Für einen Winter langt's. Wenn nein,
Kann ich dir schlimmstenfalls was leihn.«

XXVII.

Die alte Frau war sehr zufrieden
Mit solchem wohlgemeinten Rat;
Sie überschlug's – und hat entschieden:
Wir fahrn zum Winter in die Stadt.
Gern hört Tatjana das mitnichten.
Die anspruchsvolle Welt soll richten
Nun dürfen über ihr Gesicht,
So provinziell wie klar und schlicht,
Und ihre unmodernen Sachen
Und manches unmoderne Wort;
Die Zirzen und die Gecken dort
Solln über sie sich lustig machen!?
O Graus! Nein, lieber blieb' sie hier
Im abgelegnen Waldrevier.

XXVIII.

Aufstehend mit den ersten Strahlen
Sie nunmehr in die Felder eilt
Und spricht, indem ihr Blick auf allem
Im Umkreis voller Rührung weilt:
»Leb wohl, friedvolle Talesenge,
Und ihr, vertrauter Hügel Hänge,
Und ihr, vertrauter Wald und Hain,
Leb wohl, du Himmel klar und rein,
Du, der Natur stets heitre Neuheit;
Nun tausch ich traute Einsamkeit
Für Lärm und Glanz und Eitelkeit ...
Leb wohl auch du nun, meine Freiheit!
Wohin, wozu werd ich gedrängt?
Was hat das Schicksal mir verhängt?«

XXIX.

Auf immer längren Wanderungen
Hat hier ein Quell, ein Hügel dort
Mit seinem Liebreiz sie bezwungen
Und läßt Tatjana nicht mehr fort.
Und sie beeilt sich, noch zu sprechen
Mit ihren Hainen, Wiesen, Bächen,
Wie man mit alten Freunden spricht.
Jedoch der Sommer säumet nicht.
Der goldne Herbst ist angebrochen,
Und die Natur ist, zitternd, bleich,
Geschmückt, dem Opfertiere gleich ...
Dann kam der Nordwind, Wolken krochen,
Es bläst und heult – und siehe da,
Der Zaubrer Winter selbst ist nah.

XXX.

Er kam, zerflatterte; blieb hängen
Auf Eichenästen flockig-kraus;
Er breitet sich auf Feld und Hängen
Als sanftgewellter Teppich aus;
Er deckt den Fluß dem Ufersaume
Angleichend zu mit weichem Flaume;
Der Frost blitzt auf. Und uns erfreut
Des Winters wilde Munterkeit.
Nicht froh im Herzen ist nur Tanja.
Wie sehr sie sonst sich freute auch,
Zu atmen frischen Frostes Hauch,
Mit erstem Schnee vom Dach der Banja
Zu waschen Hals, Gesicht und Brust:
Die Reise raubt ihr alle Lust.

XXXI.

Die Abfahrt war schon oft verschoben,
Vorbei ging auch die letzte Frist,
Bis, der Vergessenheit enthoben,
Der Wagen wieder fahrbar ist.
Dazu, wie üblich, noch drei Schlitten,
Die die Beförderung bestritten
Von Pfannen, Stühlen, Kiepen, Truhn,
Von Einmachgläsern, Betten, Schuhn,
Matratzen, Käfigen mit Hühnern,
Kochtöpfen, Schüsseln und so fort,
Was man halt braucht, mit einem Wort.
Im Haus erhebt sich bei den Dienern
Der Abschiedslärm mit viel Geheul:
Schon stehn im Hof die achtzehn Gäul,

XXXII.

Die angespannt nun werden sollen,
Das Frühstück schleppt der Koch heran,
Und als die Schlitten überquollen,
Schrien Weiber sich und Kutscher an.
Auf hagrem Gaul saß schon als Leiter
Des Zugs der bärtige Stangenreiter,
Zum Abschied von der Herrschaft kam
Das Hausgesind zum Tor. Dann nahm
Man Platz, und der betagte Schlitten
Glitt knirschend aus dem Hof hinaus.
»Leb wohl, mein stilles Elternhaus!
Lebt wohl, ihr abgeschiednen Hütten!
Seh ich euch je noch mal?« ... Da brach
Aus Tanjas Aug ein Tränenbach.

XXXIII.

Wenn wir aufklärender Bestrebung
Gewähren etwas weitren Raum,
Dann werden bald auch (laut Erhebung
Gelehrter Schätzungen in kaum
Fünfhundert Jahren) unsre Straßen
Gewiß sich ändern ob der Maßen:
Dann stelln Chausseen, kreuz und quer
Es teilend, Rußlands Einheit her.
Gußeisern werden Brücken schreiten
Durch Fluß und See in weitem Joch,
Wir dringen unters Wasser noch,
Durchbohren kühn der Berge Seiten
Und bringen auch ein Restaurant
Auf jeder Poststation in Gang.

XXXIV.

Heut ist davon noch nichts zu sehen,
Morsch sind die meisten Brücken schon,
Man kann vor Wanzen und vor Flöhen
Nicht schlafen in der Poststation;
Kein Restaurant ist da. Doch immer
Großspurig man im kalten Zimmer
Die Speisekarte hängen sieht,
Die unnütz reizt den Appetit,
Indes des Dorfs Zyklopenopas
Beim Feuer, das nicht brennen mag,
Kuriern mit Rußlands Hammerschlag
Das zierliche Produkt Europas
Und dabei preisen hocherfreut
Des Vaterlandes Holprigkeit.

XXXV.

Dafür reist, ganz im Gegenteile,
Im Winter man bequem und leicht.
Des Modelieds sinnloser Zeile
Die Straße dann an Glätte gleicht.
Unsre Automedone fliegen,
Die Troikas sind nicht totzukriegen,
Und nur der Werste Einerlei
Huscht wie ein Lattenzaun vorbei.
Zum Unglück fürchtete Frau Larin
Die Kosten für ein Postgespann,
So fuhr mit eignen Pferden man,
Und unser Fräulein konnt erfahren
Die Langeweile bis zum Grund:
Sie fuhren eine Woche rund.

XXXVI.

Doch nun ist's nicht mehr weit. Vor ihnen
Erglühn in goldner Glut bereits
Hoch über Moskaus weißen Zinnen
Die alten Kuppeln Kreuz an Kreuz.
Ach, Brüder! Wie war ich zufrieden,
Als unverhofft mir war beschieden
Zu sehn der Glockentürme Kranz,
Die Parks und der Paläste Glanz!
Wie hab in bittrer Trennung, bange
Vor des verworrnen Schicksals Macht,
Ich deiner, Moskau, oft gedacht!
Moskwa ... was wird bei diesem Klange
In jedes Russen Herz nicht wach!
Wieviel tönt da im Innern nach!

XXXVII.

Schon sieht man zwischen Bäumen ragen
Das Petersschloß, das finster starrt,
Stolz auf den Ruhm aus jüngsten Tagen:
Hier hat Napoleon geharrt,
Umsonst, vom letzten Kriegsglück trunken,
Daß Moskau, in die Knie gesunken,
Des alten Kremls Schlüssel bring:
Nein! Nimmermehr mein Moskau ging,
Sich schuldbewußt bei ihm zu melden.
Statt Feiern und Willkommenspfand
Bereitet' es den großen Brand
Dem allzu ungeduldigen Helden.
Von hier aus sah, gedankenschwer,
Er drohend lohn das Flammenmeer.

XXXVIII.

Leb wohl, gestürzten Ruhmes Zeuge,
Schloß Peters. – Na! Bleib doch nicht stehn,
Fahr zu! Schon leuchtet weiß am Steige
Der Schlagbaum; schon wankt über Wehn
Der Wagen die Twerskaja weiter.
Vorbei fliehn Schilderhäuschen, Reiter,
Laternen, Läden, Volk vom Land,
Händler von hier und Samarkand,
Klöster, Paläste, Mezzanine,
Holzhütten, Weiber, Gärten, Squares,
Alleen, Schlitten, Militärs,
Arznei- und Modemagazine,
Balkone, Löwen vorm Portal,
Auf Kreuzen Dohlen ohne Zahl.

XXXIX. XL.

In so ermüdend buntem Jagen
Gehn ein, zwei Stunden rum, und dann
Hält bei Sankt Chariton ihr Wagen
In einem Seitengäßchen an,
Direkt vorm Haus der alten Tante,
Die Schwindsucht nun ans Bett schon bannte
Im vierten Jahr. Kaum sind sie hier,
Da öffnet ihnen weit die Tür,
Bebrillt, grauhaarig, abgerissen,
Ein strümpfestrickender Kalmück.
Im Hause kreischt vor Schreck und Glück
Die Fürstin aus den Sofakissen.
Man sinkt sich schluchzend in den Arm,
Und dann bricht los der Fragen Schwarm.

XLI.

»Princesse, *mon ange*!« – »*Pachette*!« – »Alinchen!« –
– »Wer hätte das gedacht! Ist's wahr?
Bleibt ihr für länger? Ach, Cousinchen!
Komm setz dich – nein, wie sonderbar!
Bei Gott! Genau wie im Romane ...«
– »Das ist mein Töchterchen, Tatjana.« –
»Ach, Tanja, komm doch her zu mir ...
Als ob ich träumte, phantasier ...
Sag, weißt du noch, wer Grandison ist?«
– »Gran..., Grandison? Ob ich den kenn?
Ach den, ja, ja! Wo steckt er denn?« –
»In Moskau bei Sankt Simeonis,
Hat Heiligabend mir erzählt,
Daß nun sein Sohn schon Hochzeit hält,

XLII.

Und der ... so viel wär zu berichten,
Nicht wahr? Doch erst wird Tanja gleich
Gezeigt bei Onkeln, Vettern, Nichten.
Ich kann ja leider nicht mit euch ...
Die Beine ... Richtig invalide.
Ihr seid doch furchtbar reisemüde;
Habt ihr nicht auszuruhen Lust? ...
Ich kann nicht mehr ... ach, meine Brust ...
Sogar die Freude macht Beschwerden,
Mein Schatz ... und nicht der Kummer bloß;
Mit mir ist wirklich nichts mehr los ...
Wie widerlich, so alt zu werden ...«
Und vor Erschöpfung fing sie dann
Zu weinen und zu husten an.

XLIII.

Die Freude und die lieben Worte
Der Kranken rühren Tanja; doch
Sie fühlt sich fremd am neuen Orte,
Gewöhnt an ihr Zuhause noch.
Dies Bett mit seidenen Portieren
Scheint ihr den Schlummer zu verwehren,
Und Glockenläuten, das schon früh
Ankündet morgendliche Müh,
Zwingt sie, beizeiten aufzustehen.
Tatjana sitzt am Fenster dann,
Das Dunkel weicht; jedoch sie kann
Hier nichts von ihren Feldern sehen:
Nur einen Hof, ihr unbekannt,
Mit Küche, Stall und Bretterwand.

XLIV.

Zu täglich anderen Verwandten
Muß Tanja nun zum Essen gehn
Und Omas, Opas, Onkeln, Tanten
Zerstreut und ungern Rede stehn.
Und als Verwandtschaft aus der Ferne
Empfängt man überall sie gerne
Mit Jubelruf und Gastlichkeit.
»Wie groß sie ist! Wo blieb die Zeit?
Trug ich sie nicht zur Taufe eben?
Und ich hielt sie doch noch empor!
Und ich zog sie doch noch am Ohr!
Und ich hab ihr noch Keks gegeben!«
Und alle Omas fallen ein:
»Wie unsre Jahre fliegen, nein!«

XLV.

Sie aber scheinen unverändert,
Bei ihnen blieb die Zeit wohl stehn:
Noch immer trägt mit Tüll bebändert
Den gleichen Hut princesse Hélène;
Gleich schminkt sich noch Lukerja Lwowna,
Gleich flunkert noch Ljubow Petrowna,
Iwan ist noch genauso dumm,
Semjon dreht noch den Rubel rum,
Bei Pelageja trifft man immer
Noch Herrn Finemouche als Hausfreund an,
Gleich blieb ihr Spitz, gleich auch ihr Mann,
Der noch im Klub, im Mitgliedszimmer,
Die Tage brav und taub verbringt
Und stets für zwei noch ißt und trinkt.

XLVI.

Die Basen heißen sie willkommen,
Doch Tanja fühlt sich bei dem Gruß
Von Moskaus Grazien beklommen;
Man mustert sie von Kopf bis Fuß,
Findet sie sonderbar ein wenig,
Zu provinziell und untertänig,
Ein bißchen blaß und gar zu zart,
Doch sonst ganz hübsch auf ihre Art;
Und dann tut die Natur das ihre,
Man lädt sie ein, wird gut bekannt,
Gibt Küßchen, hält sich bei der Hand,
Hilft ihr, sich modisch zu frisieren,
Und man vertraut ihr im Sopran
Manch Mädchenherz-Geheimnis an,

XLVII.

Fremde und eigene Erfolge,
Hoffnungen, Streiche, Träumerein,
In harmloser Berichte Folge
Mit leichter Bosheit Widerschein.
Dann fordern sie als Gegengabe
Für ihr Geplapper, Tanja habe
Ihr Herz nun zu enthüllen auch.
Doch Tanja, der als Schall und Rauch
Erschienen war, was sie da hörte,
Verstand von alledem kein Wort;
Sie hütet ihres Herzens Hort,
Der Glück und Tränen ihr bescherte,
Verschwiegen ganz für sich allein
Und meidet, andre einzuweihn.

XLVIII.

Tatjana müht sich festzustellen,
Wovon ringsum die Rede geht,
Und hört doch nichts in all den Sälen
Als läppische Banalität;
Wie sie da blaß, gelangweilt sitzen,
Selbst wenn Verleumdung sie verspritzen!
In diesem trostlos trocknen Schwall
Aus Tratsch und Klatsch von überall
Nicht ein Gedankenblitz in Tagen,
Sei's aus Versehn, sei's ungewollt!
Der dumpfe Geist kein Lächeln zollt,
Nicht mal zum Spaß die Herzen schlagen.
Selbst Dummheit, die zum Lachen wär,
Fehlt dir, o Welt! wie bist du leer!

XLIX.

Die jungen Staatsarchiv-Adlaten
Betrachten Tanja distanziert
Und äußern, als sie sich beraten,
Sich über sie recht indigniert.
Ein unglückseliger Narr hingegen
Fand idealisch sie, weswegen
Er, an die Tür gelehnt, für sie
Schon plante eine Elegie.
Bei einer langweiligen Tante
Nahm Wjasemski mit seinem Witz
Gleich Tanjas Seele in Besitz,
Worauf sich nachher an ihn wandte
Ein Greis, der noch Perücke trug,
Und ihn nach ihrem Namen frug.

L.

Doch dort, wo in gedehnter Länge
Wild Melpomenes Schrei erklang,
Wo vor der ungerührten Menge
Sie ihren Flittermantel schwang,
Wo vor sich hin Thalia döste,
Die kein Applaus vom Schlaf erlöste,
Wo's Terpsichore nur allein
Gelang, die Jugend zu erfreun
(Was schon genauso war vor Jahren,
Zu Ihrer und zu meiner Zeit),
Ward Tanja nicht ein Blick geweiht
Von eifersüchtgen Okularen
Oder genüßlichem Lorgnett
Aus Loge, Sperrsitz und Parkett.

LI.

Sie lernt auch das *Sobranje* kennen.
Dort ist es voll und laut und schwül,
Die Musik dröhnt, die Kerzen brennen,
Die Paare wirbeln durchs Gewühl,
Der Schönen leichte Ballgarderoben,
Die bunte Menschenmenge oben,
Der Bräute weiter Halbkreis facht
Gleich alle Sinne an mit Macht.
Hier stellen zünftige Modenarren
Zur Schau Zynismus und Gilet
Und ihr gelangweiltes Lorgnett.
Hier eiln beurlaubte Husaren,
Den großen Auftritt abzuziehn:
Brilliern, Erobern und Entfliehn.

LII.

Viel Sterne schmücken nachts den Himmel
Und Moskau manche schöne Frau,
Doch all der anderen Gewimmel
Verblaßt vor Lunas Glanz im Blau.
Und die, an die ich scheu nur denke,
Daß meine Leier sie nicht kränke,
Glänzt königlich wie Lunas Strahl
Ob aller Weiblichkeit im Saal.
Wie himmlisch stolz ist die Bewegung,
Mit der sie unsre Erde streift!
Wie ist die Brust zur Lust gereift!
Wie zaubermatt des Blickes Regung! ...
Doch still, kein weitres Wort; halt an:
Der Torheit ist genug getan.

LIII.

Das lärmt und lacht und grüßt in Eile,
Galopp, Mazurka, Walzer ... Doch,
Zwischen zwei Tanten, an der Säule,
Bisher bemerkt von niemand noch,
Schaut Tanja blicklos auf die Menge;
Sie haßt der großen Welt Gedränge,
Ihr wird hier übel ... und ihr Traum
Schweift heim aufs Land zu Feld und Baum,
Zum armen Volk, zum Dorf der Ahnen,
In ihr versponnenes Idyll,
Wo Bächlein murmeln klar und still,
Zu ihren Blumen und Romanen,
In schattiger Alleen Grün,
Dorthin, wo *er* ihr einst erschien.

LIV.

Dieweil sie so ins Weite sendet
Den Sinn, vergißt sie Welt und Ball,
Indes von ihr kein Auge wendet
Ein würdevoller General.
Zuzwinkern sich die Tanten beide
Und stoßen Tanja an voll Freude,
Und jede flüstert auf der Stell:
– »Schau mal nach links hinüber, schnell!« –
»Nach links? Was gibt's denn da zu sehen?«
– »Was es auch sein mag, schau nur hin! ...
Da vorne in dem Grüppchen drin,
Wo noch zwei Offiziere stehen ...
Jetzt geht er ... dreht sich um nochmal ...« –
»Was denn? Der dicke General?«

LV.

Laßt hier zum Sieg uns gratulieren
Tatjana, die mir so gefällt,
Und seitwärts unsern Weg dann führen,
Nicht zu vergessen, wer mein Held ...
Ja, übrigens, daß ich's gleich sage:
Ich sing des jungen Freundes Tage
Und seine vielen Kauzerein.
So segne denn die Mühe mein,
Epische Muse, daß dein Sänger,
Dank dem von Dir verliehnen Stab,
Nicht irr vom rechten Wege ab.
Genug! Das drückt mich nun nicht länger!
Gewahrt ist die Klassizität,
Kommt auch der Anruf ziemlich spät.

ACHTES KAPITEL

Fare thee well, and if for ever
Still for ever fare thee well.*
(Byron)

* Leb nun wohl, und wär's für immer,
Auch für immer leb nun wohl.

I.

Damals, als ungestört mein Wesen
Erblühte im Lyzeumspark,
Ich Apulejum gern gelesen,
Doch Ciceronem nicht so arg,
Da, in verwunschnen Gartentiefen,
Im Frühling, als die Schwäne riefen,
Fand sich an stiller Wasser Schein
Die Muse erstmals bei mir ein.
Und plötzlich war von Licht durchflossen
Mein Kämmerlein: Die Muse lud
Zum Mahl den jungen Übermut,
Besang bald kindisch frohe Possen,
Bald unsrer Ahnen Ruhmeszeit,
Bald Herzens bange Seligkeit.

II.

Die Welt hieß lächelnd sie willkommen;
Erster Erfolg trug uns empor;
Derschawin hat uns wahrgenommen
Und segnet' uns vom Grabestor.
. . . .
. . . .
. . . .
. . . .
. . . .
. . . .
. . . .
. . . .
. . . .
. . . .

III.

Doch ich, der zum Gesetz sich machte,
Was blinde Leidenschaft ihm riet,
Der dachte, wie die Menge dachte,
Ich nahm die kecke Muse mit
Zu Festlärm, heißen Diskussionen,
Zu Mitternachtsexpeditionen:
Und zügelloser Zecherschar
Bot sie dann ihre Gaben dar,
Wenn sie bacchantisch beim Gelage
Vorsang den Gästen zum Pläsier;
Gar heiß verehrten sie dafür
Die jungen Leute jener Tage,
Und stolz war ich im Freundeskreis
Auf meine Freundin Naseweis.

IV.

Doch schied ich bald aus diesem Kreise
Und floh ... Die Muse floh mir nach.
Wie oft hat sie die stumme Reise
Versüßt, indem sie zärtlich sprach
Zu mir geheime Zauberworte!
Wie oft ritt sie am Felsenborte
Des Kaukasus, Lenoren gleich,
Mit mir zu Pferde, mondscheinbleich!
Wie oft führt' sie zu Tauris' Küsten
In finstrer Nacht mich, daß ich lausch
Des Meeres ewigem Gerausch,
Der Nereiden stetem Flüstern,
Der Wogen Chor, der dunkel grollt
Und Lob dem Herrn der Welten zollt.

V.

Und sie vergaß die Lustbarkeiten
Der Hauptstadt und den Lärm der Welt,
In Bessarabiens öden Weiten
War oft sie im bescheidnen Zelt
Zu Gast bei wanderfrohen Horden,
Ist selbst zur Wilden dort geworden,
Vergaß des göttlichen Gesangs
Für Sprachen seltsam kargen Klangs,
Für die geliebten Steppenlieder ...
Doch bald sah alles anders aus,
Und sie erschien vor meinem Haus
Als provinzielles Fräulein wieder,
Das traurig dort im Garten saß
Und ein französisch Büchlein las.

VI.

Und nun bin erstmals ich gegangen
Mit ihr auf ein mondänes *Rout*
Und hab mit eifersüchtigem Bangen
Auf ihren Steppencharme geschaut.
Sie schlängelt um Aristokraten,
Galamonturen, Diplomaten
Und stolze Damen sich herum;
Sie setzt sich, schaut sich schweigend um,
Die bunte Vielfalt zu genießen
Aus Stimmgewirr und Kleiderglast,
Wie langsam eintrifft Gast um Gast,
Die Frau des Hauses zu begrüßen,
Und wie die Herrn so schwarz und schön
Gleich Rahmen um die Damen stehn.

VII.

Ihr imponiert die Formenstrenge,
Die man hier oligarchisch pflegt,
Dies Spiel der Alter und der Ränge,
Von kühl-gelaßnem Stolz geprägt.
Doch hier, wo jeder auserkoren,
Steht einer schweigsam und verloren,
Den keiner recht zu kennen scheint.
Er schaut sich um im Saal und meint,
Ein lästiger Spuk zög da vorüber.
Krankhafter Hochmut? Oder Spleen?
Wie kam er überhaupt hierhin?
Wer ist er? Doch nicht unser lieber
Jewgeni etwa? In der Tat!
– Seit wann ist er in unsrer Stadt?

VIII.

Ist er wie sonst noch? Ward er bieder?
Blieb er ein Sonderling, ein Narr?
Erzähln Sie doch: Wie kam er wieder?
Und was stellt er uns diesmal dar?
Wie spielt er heut sich auf? Melmothisch,
Kosmopolitisch, patriotisch,
Haroldisch, quäkerisch, bigott,
Noch anderswie maskiert zum Spott,
Oder als braver Zeitgenosse,
Wie Sie und ich, wie jedermann?
Mein Rat, zumindest, wäre dann:
Schluß mit der antiquierten Posse!
Er legte oft genug uns rein ...
– Sie kennen ihn? – Nun, ja und nein.

IX.

– Warum sind Sie so unnachsichtig
In Ihrem Urteil über ihn?
Ist's, weil wir stets nach falsch und richtig
Uns alles einzuordnen mühn?
Weil Unbedachtheit heißer Herzen
Beleidigt oder reizt zu Scherzen
Die selbstgefällige Nichtigkeit,
Weil uns beengt ein Geist, der weit,
Weil wir nur allzugerne zählen,
Was nur Gerede ist, als Tat,
Weil Dummheit Lust an Bosheit hat,
Weil Große größer auch im Fehlen
Und nur die Mediokrität
Nicht über unsre Kräfte geht?

X.

Wohl dem, der, jung, sich jung erfahren,
Wohl dem, der reifte, als es Zeit,
Der auszuhalten mit den Jahren
Des Lebens Kälte ward bereit;
Der niemals Ungereimtes träumte,
Mondänen Umgang nie versäumte,
Mit zwanzig Geck und Weiberheld,
Mit dreißig vorteilhaft vermählt,
Mit fünfzig endlich losgeworden
Fremder und eigner Schulden Last,
Der Reihe nach sich ohne Hast
Erworben Ruhm, Geld, Rang und Orden,
Von dem man stets nur sagen hört:
Herr X ist aller Ehren wert.

XI.

Doch traurig, denkt man, daß vergebens
Die Jugend uns verliehen ward,
Daß wir verrieten sie zeitlebens,
Daß sie am End uns nur genarrt;
Daß unsre höchsten, reinsten Ziele,
Daß unsre Blütentraumgefühle
In rascher Folge bald zu Staub
Zerfielen wie verwestes Laub.
Wie unerträglich, nur Empfänge
Noch zu erwarten ohne Zahl,
Das Leben sehn als Ritual
Und mitzutrotten mit der Menge,
Obgleich uns nichts von dem erwärmt,
Woran sie glaubt, wovon sie schwärmt.

XII.

Wer Anlaß gab zum Meinungsstreite,
Erträgt nicht (wie Sie wohl verstehn),
Wenn ihn vernunftbegabte Leute
Als stilisierten Kauz ansehn
Oder als an des Wahnsinns Schwelle
Oder als Ausgeburt der Hölle,
Als meinen »Dämon« gar zuletzt.
Onegin (er kommt wieder jetzt),
Der im Duell den Freund erschossen,
Der sechsundzwanzig Jahre nun
Schon lebte, ohne was zu tun,
Vom steten Müßiggang verdrossen,
Fand, ohne Amt und Frau und Zwang,
Kein Ziel für seinen Tatendrang.

XIII.

Und ruhlos trieb ihn bald von hinnen
Ständiger Ortsverändrung Reiz
(Ein äußerst mühsames Beginnen,
Nur wenigen selbsterwähltes Kreuz).
Zurück ließ er sein Dorf, die Felder,
Die Abgeschiedenheit der Wälder,
Wo ihn ein Schatten blutbefleckt
An jedem Tag aufs neue schreckt,
Und ziellos fing er an zu wandern,
Zugänglich dem Gefühl allein;
Dann stellte Überdruß sich ein
Am Reisen wie an allem andern;
Er kam, wie Tschazki, heim und fand
Beim Ball sich wieder, kaum an Land.

XIV.

Da stutzt die plötzlich aufmerksame
Gesellschaft, Flüstern rings im Saal ...
Zur Hausherrin tritt eine Dame,
Ihr folgt ein würdiger General.
Sie war nicht hastig oder heftig,
Nicht kalt, nicht redselig-geschäftig,
Ihr Blick war frei von Spott und Hohn,
Sie gab sich ohne Ambition,
Ganz ohne jene kleinen Kniffe,
Nichts Nachgemachtes, kein Gezier ...
Alles war ruhig, schlicht an ihr,
Sie glich, so schien's, dem Inbegriffe
Du comme il faut ... (Schischkow, ich weiß
Kein russisch Wort dafür: verzeih's.)

XV.

Die Damen sah man zu ihr streben,
Ihr lächelten die ältren Fraun;
Die Herren grüßten tiefergeben,
Bemüht, ins Auge ihr zu schaun;
Die Jungfern warn im gleichen Falle
Sehr scheu; und höher hielt als alle
Die Nase und die Schultern hier
Der General, ihr Kavalier.
Wer hätte schön sie nennen können?
Und doch: vom Scheitel zu den Zehn
War keine Spur an ihr zu sehn
Von dem, was modisch zu benennen
Pflegt Londons High Society
Als *vulgar*. (Nein, ich weiß nicht, wie ...

XVI.

Obwohl das Wort mir lieb und teuer,
Ich weiß nicht, wie man's übersetzt;
Es wird bei uns als ziemlich neuer
Begriff vermutlich unterschätzt.
Geeignet wär's für Epigramme ...)
Jedoch zurück zu unsrer Dame.
Ihr Liebreiz war so kunstlos-frisch,
Grad eben saß sie dort am Tisch
Bei Nina Woronskaja, jener
Kleopatra vom Newastrand;
Und sicher hätten Sie bekannt,
Daß Nina, wenn auch marmorschöner
Und wirklich blendend, wie gemalt,
Die Nachbarin nicht überstrahlt.

XVII.

Jewgeni denkt: »Ist das am Ende …
Ist sie's? Natürlich … Aber nein …
Aus finsterster Provinz, wie fände …«
Und sein Lorgnett stellt er nun ein
Auf die, bei der ihn überkommen
Erinnerung, wenn auch verschwommen,
An ein vergessenes Gesicht.
»Sag, Fürst, kennst du die Dame nicht
Im rötlichen Barett, zu Seiten
Des spanischen Gesandten da?«
Der Fürst betrachtet ihn. »Aha!
Schon lange nicht mehr unter Leuten!
Komm mit, gleich weißt du es genau.« –
»Zu ihr? Wer ist sie?« – »Meine Frau.« –

XVIII.

»Du bist? … Das konnt ich doch nicht ahnen!
Wie lange schon?« – »Zwei Jahre bald.« –
»Mit wem?« – »'ner Larin.« – »Mit Tatjanen!« –
»Ihr seid bekannt?« – »Gutsnachbarn halt.« –
»Oh, na dann komm!« Der Fürst entführt ihn
Zu seiner Frau und avisiert ihn
Als alten Freund, entfernt verwandt.
Die Fürstin hat sich umgewandt,
Und was auch für Gefühle stritten
In ihrer Seele, wie sie jetzt
Auch überrascht war, ja entsetzt,
Die Herrschaft ist ihr nicht entglitten,
Ihr Ton blieb vornehm, ruhig, schlicht,
Und auch ihr Gruß verriet sie nicht.

XIX.

Nein, nein! Da gab es kein Erbeben,
Nicht Blaß noch Rot schoß ins Gesicht,
Nicht mal ein Augenbrauenheben,
Sogar den Mund verzog sie nicht.
Onegin fand, wie er auch immer
Sich mühte, nicht den kleinsten Schimmer
Der früheren Tatjana hier.
Und als er reden wollt mit ihr,
Da – konnt er's nicht. Sie frug nach Daten,
Seit wann er hier sei, wo er war,
Ob nicht in ihrer Heimat gar?
Dann richtete sie auf den Gatten
Den müden Blick noch und entschwand ...
Und er blieb stehn wie festgebannt.

XX.

Ist's wahr, daß eben die Tatjana,
Der er vertraulich seinerzeit,
Ganz vorn in unserem Romane,
In dörflicher Verlassenheit
Noch missionarisch engagierte
Morallektionen vordozierte,
Daß die, von der er noch besitzt
Den Brief, wo sich so ungeschützt,
So rückhaltlos ihr Herz bekannte,
Daß dieses Mädchen ... träumt er nicht? ...
Dies Mädchen, dem er kein Gewicht
Im Dorfe damals zuerkannte,
Daß sie mit ihm jetzt – ist das wahr? –
So sicher, so gelassen war?

XXI.

Er kehrt dem lauten *Rout* den Rücken,
Er fährt, ganz in Gedanken, heim;
Ein Traum, bald Trauer, bald Entzücken,
Sucht seinen späten Schlummer heim.
Kaum wacht er, wird ihm übermittelt
Ein Brief: Zum Abendessen bittet
Ergebenst ihn Fürst X. »Zu ihr! ...
Ja, ja, ich komme!« Aufs Papier
Wirft er ein paar formelle Worte.
Was ist es, das in Bann ihn schlägt,
Was sich am Grund der Seele regt,
Die, kalt und träg, schon fast verdorrte?
Ist's Ärger? Laune? Ist's noch mal
Die Liebe gar, der Jugend Qual?

XXII.

Er sehnt, wie einst, herbei den Abend,
Verfolgt die Uhr, wie dazumal.
Da schlägt es zehn; und eilig trabend
Erreicht er alsbald das Portal,
Betritt der Fürstin Raum mit Beben;
Tatjana ist alleine eben,
Ein paar Minuten sind sie dort
Zusammen. Doch es will kein Wort
Ihm von den Lippen. Gar nicht wendig,
Antwortet er ihr ungeschickt
Das Nötigste. Und ihn bedrückt
Ein einziger Gedanke ständig.
Er starrt sie ständig an: Wie gut
Sie frei und zwanglos in sich ruht.

XXIII.

Da kam ihr Mann. Ein Ende machte
Er dem gequälten Tête-à-tête,
Als mit Onegin er gedachte
Der Sachen, die sie einst gedreht;
Sie lachten beide. Neue Gäste
Belebten das Gespräch aufs beste,
Es würzend mit Gesellschaftsklatsch;
Da glänzte leichter Scherz und Tratsch
Ganz ohne dumme Affektiertheit,
Auch wechselte er manches Mal
Mit Themen, die nicht ganz banal,
Man mied Gemeinplatz und Geziertheit,
Und niemand störte hier der Ton
Der lebhaft-freien Diskussion.

XXIV.

Hier warn denn auch der Hauptstadt Beste
In Mode und Nobilität,
Und die man trifft auf jedem Feste,
Die Toren, ohne die's nicht geht;
Hier warn in Häubchen ältre Damen,
Die sich von fern recht bös ausnahmen;
Hier waren Jungfern auch ein paar,
Mit Mienen, jedes Lächelns bar;
Hier war ein Botschafter, der leise
Von Staatsgeschäften referiert;
Hier war, schlohweiß und parfümiert,
Ein Greis, der nach verjährter Weise
Viel Geist verwandte auf Bonmots,
Was heute gilt als komisch bloß.

XXV.

Hier war mit Epigrammgelüsten
Ein Herr, den alles reizt zum Hohn:
Der Tee, den sie zu stark ihm süßten,
Der Damen Geist, der Herren Ton,
Der Streit um den Roman von gestern,
Zwei kürzlich dekorierte Schwestern,
Der Krieg, der Zeitungen Geschreib,
Der Schnee und auch sein eignes Weib.
. . . .
. . . .
. . . .
. . . .
. . . .
. . . .

XXVI.

Hier war Prolassow, der bekannt war
Für seiner Seele Schäbigkeit,
Und der vom Stift St. Priests gebannt war
In jedes Album weit und breit.
Da stand, als Magazingravüre,
Ein andrer Ballheld an der Türe,
Rot wie ein Englein im Gesicht,
Geschnürt und stumm, und regt sich nicht.
Ein in zu stark gestärktem Kragen
Hierher verschlagner Voyageur
Bewirkte Lächeln ringsumher
Mit seinem mühsamen Betragen,
Man sah sich schweigend kurz nur an,
Und abgeurteilt war der Mann.

XXVII.

Den ganzen Abend denkt Onegin
Nur an Tatjana wie gebannt,
Nicht jenes Mädchen, das verlegen,
Verliebt und schlicht er einst gekannt,
Nein, die als Fürstin sicher schaltet,
Die unnahbar als Göttin waltet
Im Reich der prunkvollen Newa.
O Menschen! Alle gleicht ihr ja
Der Ältermutter Eva. Ehrlich:
Was euch gegeben, reizt euch kaum,
Zu dem geheimnisvollen Baum
Lockt euch die Schlange unaufhörlich;
Wenn's nicht verbotne Frucht verspricht,
Gilt Eden euch als Eden nicht.

XXVIII.

Wie hat Tatjana sich gewandelt!
Wie lebt sie ihre Rolle schon!
Wie sicher sie in allem handelt,
Was heischt die hohe Position!
Wer hätt das Mädchen suchen wollen
In dieser zwanglos hoheitsvollen
Gebieterin der Säle noch?
Und einst hat er das Herz ihr doch
Gerührt, um ihn hat sie vorzeiten,
Wenn Morpheus nachts ihr Lager mied,
In keuscher Sehnsucht stumm geglüht,
Da ließ den Blick zum Mond sie gleiten
Und träumte, mit ihm irgendwann
Zu ziehn des Lebens stille Bahn!

XXIX.

Der Liebe beugt sich jedes Alter,
Doch jungen, keuschen Herzen ist
Ihr Aufruhr Wohltat und Entfalter
Wie Feldern Sturm zur Frühlingsfrist:
Erst in der Leidenschaften Regen
Wachsen der Reife sie entgegen –
Des Lebens Fülle wird bereit
Zu Blütenflor und Fruchtbarkeit.
Doch traurig bleibt in späten Tagen,
Wenn abnimmt unsre Lebenskraft,
Die Spur der toten Leidenschaft:
So wandelt kalter Stürme Jagen
Im Herbst zum Sumpf das Wiesental
Und macht die Wälder trist und kahl.

XXX.

Kein Zweifel: ach! Jewgeni war in
Tatjana wie ein Kind verliebt;
Und Tag und Nacht muß er erfahren,
Wie Liebessehnsucht ihn betrübt.
Zum Trotz dem warnenden Verstande
Kommt er zur gläsernen Veranda
Vor ihrem Hause Tag um Tag;
Er jagt ihr wie ein Schatten nach;
Er ist beglückt, ihr umzulegen
Den weichen, schlangengleichen Schal,
Nur glühend zu berühren mal
Den Arm, zu teilen ihretwegen
Die Buntlivrierten vor der Tür,
Ein Tüchlein aufzuheben ihr.

XXXI.

Jedoch, wie sehr er sich auch immer
Bemühte, sie bemerkt ihn nicht.
Sie lädt ihn ein, sie trifft ihn – nimmer
Sie mehr als zwei, drei Worte spricht,
Manchmal muß ihm ein Nicken reichen,
Und manchmal tut sie nichts dergleichen:
Nicht, daß sie sich kokett verstellt –
Das gibt's nicht in der großen Welt.
Onegins Teint beginnt zu bleichen;
Sie sieht's nicht oder 's läßt sie kalt;
Onegin magert ab – um bald
Wie schwindsüchtig umherzuschleichen.
Zum Arzt zu gehn, rät jedermann,
Und jeder Arzt rät *Kuren* an.

XXXII.

Doch er verreist nicht; er verkündet
Schon seinen Ahnen im Vertraun,
Er käme bald; Tatjana findet,
Sie ging's nichts an (so sind die Fraun);
Er aber sträubt sich abzulassen,
Sucht neue Hoffnung noch zu fassen;
Was der Gesunde scheut, schreibt kühn
Mit schwacher Hand der Kranke hin:
Sein leidenschaftliches Geständnis.
Obgleich an Briefe überhaupt
Er, nicht zu Unrecht, wenig glaubt,
Quält doch zu sehr wohl die Erkenntnis:
Sein Herzeleid sitzt viel zu tief.
Hier habt ihr, Wort für Wort, den Brief.

Onegins Brief an Tatjana

Ich weiß im voraus: Sie verletzt,
Was ich hier Trauriges enthülle.
Welch bitterer Verachtungswille
Schleicht in Ihr stolzes Auge jetzt!
Was will ich denn? Zu welchem Ziele
Laß ich Sie meine Seele sehn?
Welch schadenfrohe Spottgefühle
Laß ich dadurch vielleicht entstehn!

Zufällig lernt ich einst Sie kennen,
Sah Sie in zarter Neigung brennen,
Doch ihr zu trauen, wagt ich nicht:
Zwang mich zu ungewohnter Scheuheit,
War meine abgestandne Freiheit
Mir zu bewahren nur erpicht.
Dann hat noch eines uns geschieden ...
Lenskis unseliges Opferlos ...
Von allem, was dem Herz hienieden
Lieb war, riß ich mein Herz da los;
Vereinsamt, unabhängig, müßig,
Glaubt ich, Freiheit und Muße wär
Ersatz für Glück. Mein Gott! Wie sehr
Hab ich geirrt, wie bitter büß ich ...

Nein: unablässig Sie zu sehn,
Zu folgen Ihnen allerorten,
Ihr Lächeln, Ihren Blick erspähn
Verliebten Auges, Ihren Worten
Andächtig lauschen, mit dem Herz
All Ihres Wertes innewerden,
Vor Ihnen blaß, in Todesschmerz,
Vergehn ... heißt Seligkeit auf Erden!

Und das ist mir versagt. Gequält
Irr ich umher, wo ich Sie fände;
Statt daß mir Tag und Stunde zählt,
Sehn ich mich sinnlos und verschwende
Die Tage, die das Los mir ließ.
Bedrückend sind sie ohnedies.
Ich weiß: Mein Grab ist schon gegraben;
Und soll mein Leben weitergehn,
Muß morgens ich Gewißheit haben,
Im Lauf des Tages Sie zu sehn ...

Ich fürchte: Ihrem strengen Blicke
Erscheint mein demütiges Flehn
Als Winkelzug verpönter Tücke –
Ich hör Sie zornig schon mich schmähn.
Wenn Sie nur wüßten, wie verheerend
Der Durst nach Liebe an mir zehrt:
Zu glühn – mit dem Verstande wehrend
Dem Blut, das ständig aufbegehrt;
Nichts wünschen, als verströmen dürfen,
Mit Schluchzen an Ihr Knie gepreßt,
In Flehn, Gestehn und Selbstvorwürfen
Und allem, was sich sagen läßt,
Und dann, statt dessen, darauf achten,
Daß Blick und Rede nichts verrät,
Die Unterhaltung weitergeht,
Und Sie dabei noch froh betrachten! ...

Doch komme nun, was will: ich weiß
Mir selbst nicht mehr zu widerstreben.
Es sei: In Ihre Hand gegeben,
Geb ich mich meinem Schicksal preis.

XXXIII.

Kein Echo kommt. Ein neues Schreiben:
Aufs zweite, dritte wiederum
Kein Echo. Ins Gesellschaftstreiben
Stürzt er sich wieder; sieht sich um,
Auf einmal ... *sie*. Wie eingefroren!
Kein Blick, kein Wort an ihn verloren;
Brr! wie sie jetzt umgeben war
Von Frost wie Anfang Januar!
Wie ihren Unmut zu verhalten
Die Lippen störrisch sich bemühn!
Onegin schaut noch schärfer hin:
Wo, wo Bestürztheit, Mitleidswalten?
Wo Tränenspur? ... Es gibt sie nicht!
Nur Zürnen zeichnet dies Gesicht ...

XXXIV.

Und auch, vielleicht, die Angst ein wenig,
Ihr Mann oder die Welt erführ,
Wie schwach, dem Leichtsinn untertänig ...
Was nur Onegin weiß von ihr ...
Nein, hoffnungslos! Er fährt von hinnen,
Verwünscht sein törichtes Beginnen –
Und, tiefer drin verstrickt als je,
Sagt wieder er der Welt ade.
Und in der Stille seiner Klause
Kommt jene Zeit ihm in den Sinn,
Als unerbittlich ihn der Spleen
Verfolgte in der Welt Gebrause,
Ihn am Schlafittchen fortgezerrt
Und dann ins finstre Loch gesperrt.

XXXV.

Nun las er wieder, wie zuvor auch,
Ganz wahllos: Gibbon und Rousseau,
Manzoni, Herder und Chamfort auch,
Madame de Staël, Bichat, Tissot,
Las Bayle, dem Skepsis galt als Stärke,
Las Fontenelles gesamte Werke,
Las auch von unsern den und den,
Schien wirklich gar nichts zu verschmähn:
Nicht Almanache noch Journale,
Wo man uns sittlich unterweist,
Wo man mich heute so verreißt,
Und wo man solche Madrigale
Mir schrieb – die Zeit ist noch nicht fern:
E sempre bene, meine Herrn.

XXXVI.

Was half es? Seine Augen lesen,
Doch die Gedanken schweifen weit;
Im tiefsten Grund der Seele wesen
Begierden, Träume, Traurigkeit.
Er ließ, statt auf gedruckten Zeilen,
Sein innres Auge nun verweilen
Auf andren Zeilen. Dort hinein
Versenkt sich tief sein ganzes Sein.
Von dort aus dunklen Herzensreichen
Uralt-geheime Kunde drang,
Bald Traum ohne Zusammenhang,
Einflüstrung, Drohung, Zukunftszeichen,
Bald Märchen, lang und wirr, doch tief,
Bald eines jungen Mädchens Brief.

XXXVII.

Und all sein Denken, all sein Fühlen
Versinkt in eine Art von Trance,
Die Phantasie läßt vor ihm spielen
Nun ihre schillernde Patience.
Bald sieht er: mürber Schnee am Morgen,
Wo reglos, wie im Schlaf geborgen,
Ein Jüngling liegt; und wieder droht
Die Stimme ihm: »Tja, der ist tot!«
Bald sieht er längstvergeßne Feinde,
Verleumder, Schurken, feig und arm,
Der treulosen Geliebten Schwarm,
Den Kreis verachtenswerter »Freunde«,
Ein Gutshaus bald – und spät und früh
Am Fenster *sie* ... und immer sie! ...

XXXVIII.

Er überließ sich den Gesichten,
Und sein Verstand kam in Gefahr,
Und beinah fing er an zu dichten.
Ich hätt es ihm gedankt, fürwahr!
Jawohl: Er hätt kraft Magnetismus
Russischer Verse Mechanismus
Begriffen damals um ein Haar,
So unbegabt er dafür war.
Schien er nicht wirklich ein Poet da,
Wenn er allein vor dem Kamin
Schnurrt' *Idol mio* vor sich hin
Oder vielleicht auch *Benedetta*,
Und ihm ins Feuer ab und zu
Die Zeitung fiel oder ein Schuh?

XXXIX.

Die Zeit rast; laue Winde wehten,
Schon lockert sich des Winters Band;
Onegin ward nicht zum Poeten,
Starb nicht, verlor nicht den Verstand.
Erfrischt vom ersten Frühlingsschimmer
Verläßt er die verschloßnen Zimmer,
Die Doppelfenster und den Mief,
Wo wie ein Murmeltier er schlief,
Um eines Morgens loszurasen
Im Schlitten zu den Newakais.
Das bläuliche geborstne Eis
Blinkt in der Sonne; auf den Straßen
Schmilzt der zerfurchte Schnee zu Dreck.
Wohin lenkt über ihn hinweg

XL.

Onegin seinen Lauf? Sie ahnen
Es schon und haben recht: Es war
Zu ihr gefahren, zu Tatjanen,
Mein unverbesserlicher Narr.
Trat, einem Toten zu vergleichen,
Ins Vestibül – kein Lebenszeichen.
Im Saal, noch weiter: niemand da.
Er öffnet eine Türe. Ja!
Was trifft so tief sein ganzes Wesen?
Allein, im Negligé, und blaß,
Die Fürstin selber vor ihm saß,
Sie schien in einem Brief zu lesen,
Auf eine Hand gestützt das Kinn,
Und weinte leise vor sich hin.

XLI.

Wer wäre von dem stummen Harme
Der Fürstin nicht sogleich gebannt!
Wer hätte Tanja da, die arme,
Die frühre Tanja nicht erkannt!
Voll Inbrunst, für ihr Leid zu büßen,
Wirft sich Jewgeni ihr zu Füßen;
Sie zuckt zusammen, aber dann
Schaut sie Onegin schweigend an,
Nicht Zorn noch Staunen im Gesichte ...
Sein kranker Blick, der flackernd fleht,
Sein stummer Vorwurf – sie versteht
Das alles gut. Das herzlich-schlichte
Verträumte Mädchen früherer Zeit
War wiederauferstanden heut.

XLII.

Sie läßt ihn knien zu ihren Füßen,
Und, keinen Blick von ihm gewandt,
Entzieht sie seinen wilden Küssen
Nicht ihre teilnahmslose Hand ...
Was mag sich ihr im Innern zeigen?
Vorübergeht ein langes Schweigen,
Bevor sie leise sagt zum Schluß:
»Genug jetzt; stehn Sie auf. Ich muß
Mich Ihnen aufrichtig erklären.
Onegin, Sie erinnern sich,
Als das Geschick im Garten mich
Sie treffen ließ, wie Ihre Lehren
Ich angehört hab nach Gebühr?
Heut ist die Reihe nun an mir.

XLIII.

Onegin, damals war nicht nur ich
Sehr jung, und schöner sicherlich,
Ich liebte Sie; und was erfuhr ich?
Was hielt Ihr Herz bereit für mich?
Was war die Antwort? Nur Verwahrung.
Nicht wahr, Sie kannten aus Erfahrung
Kleinmädchenliebe nur zu gut?
Noch jetzt – bei Gott! – gerinnt mein Blut,
Denk ich des Blickes nur, des kalten,
Und dieser Predigt ... Nein, ich klag
Nicht an: An jenem Schreckenstag
Haben Sie nobel sich verhalten,
Da waren Sie im Recht vor mir:
Von ganzem Herzen Dank dafür ...

XLIV.

Damals – nicht wahr? – so weltentlegen,
Fernab von müßigem Geschwätz,
Gefiel ich Ihnen nicht ... Weswegen
Verfolgen Sie mich denn nun jetzt?
Warum sind Sie auf mich versessen?
Ist's deshalb nicht, weil unterdessen
In höchsten Kreisen ich verkehr,
Weil reich ich bin an Geld und Ehr,
Weil, da mein Mann versehrt in Schlachten,
Der Hof uns überhäuft mit Huld?
Ist's nicht, weil meine Schmach und Schuld
Gleich überall die Runde machten
Und Sie in der Gesellschaft drum
Erwürben delikaten Ruhm?

XLV.

Ich weine ... Falls Sie wirklich denken
An Ihre Tanja noch bis heut,
So hörn Sie: Ihr Talent zu kränken,
Die kalte Unerbittlichkeit
Würd ich weit lieber noch ertragen
Als diese Briefe, Tränen, Klagen,
Als diese peinliche Passion.
Mit meiner kindlichen Vision
Verfuhrn Sie damals doch noch pfleglich,
Bedachten doch, wie jung ich wär ...
Doch jetzt! – Was führt Sie denn hierher
Zu meinen Füßen? Oh, wie kläglich!
Bei Ihrem Herz und Geist – und dann
So billigem Antrieb untertan?

XLVI.

Dabei, Onegin, all die Pracht hier,
Des schalen Lebens Flitterkleid,
Erfolge, die die Welt gebracht mir,
Mein Haus, modern und gastbereit,
Was soll's? Ich würde ohne Fragen
Sofort dem Mummenschanz entsagen
Und all dem Glanz und Lärm und Quark
Für ein paar Bücher, meinen Park,
Für unsre anspruchslosen Räume,
Die Stätten, wo ich Sie zumal,
Onegin, sah zum erstenmal,
Und für des stillen Friedhofs Bäume
An jenem Kreuz, in dessen Hut
Nun meine arme Njanja ruht ...

XLVII.

Und dabei war das Glück so möglich,
So nah! ... Doch ist mein Schicksal nun
Entschieden schon. Ich war womöglich
Zu unbedacht in meinem Tun:
Die arme Tanja war verloren,
Als Mutters Tränen sie beschworen,
Galt jedes Los ja gleich ... Und ich
Willigte ein. Sie dürfen mich,
Ich bitte Sie, nicht länger quälen.
Gehn Sie! Ich weiß: Ihr Herz bewahrt
Noch Stolz und Ehre echter Art.
Ich liebe Sie (wozu's verhehlen?),
Doch gab man einem andern mich;
Ihm werd ich treu sein ewiglich.«

XLVIII.

Sie geht hinaus. Er bleibt noch stehen,
Gleichsam vom Donnerschlag gerührt.
Welcher Gefühle Sturmesböen
Er tief im Herzen tosen spürt!
Doch plötzlich hallen Sporentöne,
Tatjanas Mann betritt die Szene,
Und hier nun wird mein Held am End,
Für ihn im peinlichsten Moment,
Von uns verlassen werden müssen,
Für lang ... für immer. Allzu weit
Durchstreiften wir schon Seit an Seit
Mit ihm die Welt. Und froh begrüßen
Wir uns im Hafen nun. Hurra!
Längst fällig (stimmt's nicht?) war das ja!

XLIX.

Was, Leser, du auch warst von beiden,
Freund oder Feind, ich will von dir
In gutem Einvernehmen scheiden.
Leb wohl! Was du auch suchtest hier
In meinen leicht entworfnen Zeilen:
Erinnrungen, die schwer verheilen,
Entspannung nach der Arbeit bloß,
Lebendige Bilder und Bonmots,
Grammatisch falsche Konstruktionen –
Geb Gott, in diesem Büchlein sei
Für Unterhaltung, Träumerei,
Fürs Herz, für Zeitungsdiskussionen
Ein bißchen abgefalln am End.
Leb wohl, da unser Weg sich trennt!

L.

Leb wohl, du, seltsamer Gefährte,
Und du, mein treues Ideal,
Und du, lebendig stets bewährte
So kleine Müh. Euch dank ich all
Das, was ein Dichter wünscht vom Lose:
Vergessenheit im Weltgetose,
Im Freundeskreis vertrautes Wort.
Wie viele Tage flohn schon fort,
Seit mir das junge Bild Tatjanens
Mit dem Onegins traumhaft blind
Zum erstenmal erschienen sind –
Die Freiheitsweite des Romanes
Sah ich im Zauberglasvisier
Recht unklar damals nur vor mir.

LI.

Und jene, deren Freundschaft gerne
Ihr Ohr den ersten Strophen lieh?
»*Die* sind nicht mehr, und *die* sind ferne«,
Wie Sadi sagte. Ohne sie
Ward mein Onegin nun entfaltet.
Und die, nach deren Bild gestaltet
Tatjanas liebes Ideal? ...
Oh, Opfer, Opfer ohne Zahl!
Glückselig, wer, solang noch dauert
Das Fest des Lebens, es verläßt,
Den Kelch nicht austrinkt bis zum Rest,
Aufs Ende des Romans nicht lauert,
Und Abschied nehmen kann im Nu,
Wie ich es von Onegin tu.

ENDE

ANHANG

PUSCHKIN UND SEIN VERSROMAN

EINE EINFÜHRUNG

I

»Beim Namen Puschkin überkommt einen sogleich der Gedanke an den Nationaldichter«, schrieb 1834 der 25jährige Gogol über seinen verehrten, zehn Jahre älteren Mitstreiter auf dem Felde der jungen russischen Literatur.

Den deutschen Leser überkommt beim Namen Puschkin vermutlich gar nichts, es sei denn vage Erinnerungen an Opern von Tschaikowski (*Eugen Onegin, Pique Dame*) und Mussorgski (*Boris Godunow*), wenn er Musikfreund ist, oder an Heinrich George in Gustav Ucickys *Postmeister* – einer Verfilmung übrigens, der selbst Filmlexika »gröbliche Verfälschung der literarischen Vorlage« bescheinigen. Eine andere Verfälschung wird der Kinogänger überhaupt nicht bemerkt haben, weil man ihm verschwiegen hat, daß Miloš Formans so erfolgreicher Film *Amadeus* (wie das gleichnamige Theaterstück von Peter Shaffer) ebenfalls auf einer Puschkinschen Vorlage beruhte. Aber auch wenn man dies wüßte, so vermöchte doch all das zusammen immer noch keine Vorstellung vom Rang des *Dichters* Puschkin zu vermitteln.

Alexander Sergejewitsch Puschkin ist der größte Dichter russischer Zunge, *der* russische Nationaldichter. Hören wir Gogol noch einmal: »Puschkin ist ein außergewöhnliches Phänomen, vielleicht das einzige Phänomen des russischen Geistes, der russische Mensch in seiner Entfaltung, in der er vielleicht in zweihundert Jahren erscheinen wird.« Dieser Rang wird ihm von den – bei uns besser bekannten – Riesen der russischen Literatur des 19. Jahrhunderts bestätigt: Tolstoi, der sich über das Versemachen mokierte, weil es doch schon schwer genug sei, seine Gedanken in Prosa auszudrücken, hat Puschkins Verse immer von diesem Verdacht überflüssiger Künstlichkeit ausgenommen und nicht gezögert, Puschkin den »göttlichen« zu nennen. Dostojewski hat ihm 1880, aus Anlaß der Enthüllung des Moskauer Puschkin-Denkmals, in einer berühmten Rede gehuldigt, in der er Gogols »prophetische« Worte aufgreift und Puschkin als Vorläufer der im Russen angelegten »Allmenschlichkeit« interpretiert – übrigens auch unter Berufung auf den *Onegin*.

Diese Reihe läßt sich mühelos in unser Jahrhundert verlängern. So sagte Alexander Blok 1921, wenige Wochen vor seinem Tode: »Unser Gedächtnis bewahrt von Kindheit an einen heiteren Namen: Puschkin. Dieser Name, dieser Klang erfüllt viele Tage unseres Lebens. Da sind die zwielichtig-finsteren Namen von Kaisern, Feldherren, Mordwaffenerfindern, Folterknechten und Märtyrern des Lebens. Und daneben dieser leichte Name: Puschkin. – Puschkin verstand es, die Bürde seines Schöpfertums so leicht und heiter zu tragen, obwohl die Rolle des Dichters weder leicht noch heiter ist, sondern tragisch [...] Wir kennen Puschkin, den Menschen, Puschkin, den Freund der Monarchie, Puschkin, den Freund der Dekabristen. All das verblaßt vor dem einen: Puschkin, dem Dichter.«

Und so ist es nur folgerichtig, wenn die großen russischen Dichter unseres Jahrhunderts ihn als den ersten und Größten verehren und bezeugen: Ossip Mandelschtam in scheuer Ehrfurcht vor allem durch seine Dichtung, Anna Achmatowa unter anderem auch als bedeutende Puschkin-Philologin, Boris Pasternak, wenn er schreibt, der vierfüßige Jambus der Onegin-Strophe sei »zum Rhythmus des russischen Lebens geworden«. – Es kann kein Zweifel sein: Für Russen ist Puschkin nach wie vor *der* Nationaldichter, er wird geliebt, verehrt, gelesen, auswendig gewußt, rezitiert und in allen Lebenslagen zitiert. Er ist für Russen heute noch so etwas, wie es Goethe für die Deutschen gewesen sein muß, als wir uns unserer Dichter noch erinnerten.

Aber ist er auch objektiv, sozusagen im Weltmaßstab, vom gleichen Range wie Goethe? Dies wird immer wieder bezweifelt, vor allem von solchen, die von Goethe nicht viel und von Puschkin gar nichts wissen. Freilich ist Goethe nicht allein durch seine um vieles längere Lebensspanne, sondern auch durch seine vielfältige Tätigkeit auf den verschiedensten Wissensgebieten die breiter angelegte, umfänglichere Persönlichkeit, aber als *Dichter* – und nur hier ist ein Vergleich überhaupt denkbar –, als Dichter ist Puschkin ohne jede Frage von gleichem Rang, ja man wird bei ihm selbst in Fragmenten und Entwürfen kaum je Zufälliges oder Redselig-Unbedeutendes, nie Ungeformtes finden.

Und wenn der vielfältig in die Welt wirkende Goethe (vertreten durch Faust) mit Recht sagen konnte:

»Es kann die Spur von meinen Erdentagen
Nicht in Äonen untergehn«,

so sagt Puschkin (der laut Gogol erschienen ist, damit die Welt wisse, was ein Dichter sei) von sich mit dem gleichen Recht:

»Und preisen wird man mich, solange unterm Monde
Auch nur ein einziger Dichter lebt.«

2

Soviel zum Rang des Dichters Puschkin. Darin stimmen nicht nur seine russischen Landsleute (einschließlich Lenin) überein, sondern auch alle Fremden, die der russischen Sprache hinreichend mächtig waren. In Deutschland schreibt Karl August Varnhagen von Ense schon 1838 in einer Rezension: »Daß Puschkin ein ursprünglicher und eigentümlicher Dichter ist, ergibt sich aus seinem Eindruck unmittelbar. Er mag Formen aufnehmen und Wege einschlagen, die vor ihm dagewesen; das Leben aber, welches er hervorruft, ist ein ganz neues. Wenn wir durch ihn öfter an Byron, an Schiller, ja an Wieland, oder an deren Vormänner, an Shakespeare und Ariosto erinnert werden, so geht daraus mehr hervor, mit wem wir ihn vergleichen dürfen, als woher wir ihn ableiten müssen [...] In dieser Richtung zur Heiterkeit, zum Guten und Kräftigen, wodurch das Herz gestärkt und der Geist ermutigt wird, möchten wir ihn mit Goethe vergleichen.«

Fast genau ein Jahrhundert später äußert sich Henry von Heiseler, der als erster versucht hat, Puschkins Dramen ins Deutsche zu übertragen: »Die Seele selbst, die Sprache selbst erlebte und dichtete aus Puschkin heraus. Daher die ungeheure Selbstverständlichkeit, Notwendigkeit, Einfachheit seiner Rede [...] Seiner scheinbaren Wandlungsfähigkeit wegen hat man Puschkin oft sehr unglücklich einen Proteus genannt. Das ist irrig und völlig ungerecht. Puschkin ist immer alles zugleich. Aber sein Kunstinstinkt, der ganz ohnegleichen ist, hat ihn immer den einzig notwendigen Ton, die einzig notwendige Stimmung treffen lassen. Und so entstand aus den Dingen, die der rhythmische Strom seiner Seele ergriff, das einzig notwendige Sprachbild [...] Es ist ein sehr persönlicher Rhythmus, für dessen Art ich im Weltschrifttum keine Analogien kenne, dafür aber eine auf dem Gebiet einer anderen Kunst: im Werk Mozarts. Bei Puschkin wie bei Mozart überall Selbstverständlichkeit, Notwendigkeit, Einfachheit – Nichtanderskönnen.«

Nehmen wir zu diesen Beschreibungsversuchen dichterisch regsamer Deutscher noch einmal Gogols Zeugnis hinzu, bei Puschkin sei »in jedem Wort ein Abgrund an Raum, jedes Wort« sei »unermeßlich wie der Dichter selbst«, so läßt sich ahnen, welche unglaublichen Schwierigkeiten ein solches Werk der Übertragung in eine andere Sprache entgegenstellt. Und wenn diejenigen, die sich daran versucht haben, bisweilen gescheitert sind, so ist ihnen das kaum vorzuwerfen. – Die dichterische Übersetzung ist ja an sich problematisch genug und oft genug für grundsätzlich unmöglich erklärt worden (Vladimir Nabokov hat dies sogar »mathematisch« bewiesen – und »mathematisch« mag es ja auch stimmen). Um wieviel unmöglicher (sit venia verbo) muß sie dann im Falle Puschkins sein – woraus wiederum logisch folgte, daß er außerhalb seiner Sprachgemeinschaft ewig unbekannt bleiben müßte.

Wer daran etwas ändern möchte – um Puschkins willen und um jener großartigen Komponente der russischen Kultur willen, die sein Werk und seine Wirkung darstellt –, der steht vor dem Dilemma, entweder das »mathematisch« Unmögliche zu versuchen oder sich mit Scheinlösungen zufriedenzugeben. Eine – auch von Nabokov propagierte – Scheinlösung ist die, wegen der Präzision der Puschkinschen Wortwahl zu der angeblich genaueren Prosaübersetzung zu greifen – und damit den Grundcharakter, die eigentliche Seinsform der Dichtung zu verfehlen, ja zu zerstören. Denn die Tiefe und Unermeßlichkeit jedes Wortes, von der Gogol sprach und die die Prosaübersetzer »retten« wollen, wächst dem Wort ja erst durch seine vielfache Einbindung in Metrum, Rhythmus, Reim, Klangfolgen und viele andere Spannungsfelder zu. Nimmt man die »form, das heisst durchaus nichts äusseres, sondern jenes tieferregende in maass und klang« fort, so bleiben spannungslose, linear gereihte Begriffshülsen, ein unendlich verarmter »Text« ohne alle ästhetische oder emotionale Information.

Der andere Versuch, die formale Struktur der Dichtung als ästhetische Information mit einzubringen, läuft natürlich Gefahr, bei der notwendigen Kompensation der originalen Spannungsverhältnisse durch andere auf schwächere auszuweichen und durch formale Zwänge auch viel an Präzision des Ausdrucks einzubüßen. Daß dies bei Übersetzungen »im Versmaß des Originals« immer wieder geschieht, ist ja das Hauptargument der Anhänger von Prosaversionen. Daß ich mich anders entschieden habe, beruht auf meiner tiefen Überzeugung, daß eine Übersetzung, die nicht imstande ist, den Eindruck von Dichtung zu vermitteln, damit allein schon den Text ganz entscheidend verfälscht.

Bestärkt hat mich in dieser Überzeugung eine briefliche Äußerung Puschkins vom 4. November 1823. Damals schrieb er an seinen (ebenfalls dichtenden) Freund Fürst Pjotr Andrejewitsch Wjasemski: »Was meine Beschäftigungen betrifft, so schreibe ich jetzt nicht etwa einen Roman, sondern einen Roman in Versen – ein verteufelter Unterschied.«

3

Kaum ein anderes größeres Werk Puschkins dürfte geeigneter sein, den Dichter kennenzulernen, als sein Roman in Versen – sein umfangreichstes, vielleicht bedeutendstes, sicher aber, neben der Lyrik, persönlichstes Werk, das gleichzeitig mit der Romanhandlung die innere Geschichte seines Autors reflektiert.

Als Puschkin die Idee hatte, einen Roman zu schreiben, war er knapp 24 Jahre alt und bereits seit drei Jahren wegen freiheitlicher und scharfzüngiger Gelegenheitsgedichte aus Petersburg in die südlichen Provinzen strafversetzt. Er hatte zuvor die vornehmste Schule des Landes, das »Lyzeum« in Zarskoje Selo, absolviert (wo er gute Kameraden gefunden und mäßige Noten erhalten hatte), war dann drei Jahre nominell Beamter im Außenministerium, de facto ein junger Dandy im Stil der damaligen Jeunesse dorée gewesen, hatte aber nebenbei seinen Dichterruhm durch die galant-phantastische Märchenerzählung (in Versen) *Ruslan und Ljudmila* begründet, die 1820, kurz nach seiner Strafversetzung, erschien. Auf der zwangsweisen Reise in den Süden hatte er durch Vermittlung der Familie des Generals Nikolai Nikolajewitsch Rajewski den Kaukasus und die Krim kennengelernt sowie – in romantischer Umgebung – die Dichtungen Lord Byrons und André Chéniers. Er ließ sich dadurch zu seinen sogenannten »südlichen Poemen« anregen, dem *Gefangenen im Kaukasus* (1820/21) und dem *Springbrunnen von Bachtschissarai* (1822), die dem romantischen Zeitgeschmack in Rußland zum Durchbruch verhalfen und seinen Ruhm endgültig konsolidierten. 1823, in einem Jahr tiefer innerer Krisen, begann er im bessarabischen Provinzstädtchen Kischinjow den *Onegin* zu schreiben, mit dessen Konzeption er sich von den Illusionen seiner Jugend ebenso löste wie von den Dandyallüren, der sentimentalen Elegienmode und der Faszination durch Byron.

Im Gegensatz zu fast allen anderen größeren Arbeiten Puschkins gab es für diesen Roman keinerlei Plan, im Gegenteil, die Entwicklung des Sujets wurde während der fast achtjährigen Entstehungszeit mehrfach verändert und die »Handlung« schließlich ohne eigentliche Lösung fast gewaltsam abgebrochen. Aber diese Beschreibung betrifft eben nur die textinternen Beziehungen der Helden, während die parallel dazu sich entfaltende Entwicklung des Ich-Erzählers geschlossen erscheint. Und ihr ist der von sprudelnder Laune bis zu tiefem, nüchternem Ernst fortschreitende Ton der einzelnen Kapitel und Episoden absolut konform. Der Vergleich mit organischem Wachstum drängt sich auf und ist oft gezogen worden.

Dabei darf man nicht übersehen, daß der im ganzen so spontan erscheinende und von vielen äußeren und inneren Ereignissen beeinflußte Entstehungsprozeß des Romans im Detail und in der abschließenden Formung von klarstem Bewußtsein und entschiedenstem Kunstwillen geprägt ist. Das konstituierende Element des Werkes ist die von Puschkin speziell zu diesem Zweck erfundene »Onegin-Strophe«, die in ihrer komplizierten Struktur reichste Variationsmöglichkeiten mit strengster Formbindung kombiniert, in sich abgeschlossen ist und dennoch Fortsetzung offenhält. Puschkin kannte als epische Strophen die Oktaven Tassos und Ariosts, die Oktaven Byrons im *Don Juan* und im *Beppo*, er kannte die um eine neunte Zeile erweiterte Strophe von *Childe Harold's Pilgrimage*, und er kannte Byrons theoretische Begründung für die strophische Gliederung aus dem Vorwort des letztgenannten Werks: Sie erlaube »lustig oder pathetisch, beschreibend oder sentimental, zartfühlend oder satirisch zu sein, je nach Laune«.

Er hat dennoch keine der vorgefundenen epischen Strophen übernommen, sondern eine eigene geschaffen: 14zeilig wie das italienische Sonett, aber durch den vierfüßigen Jambus kürzer, wobei in den drei Quartetten alle denkbaren Reimstellungen – a-b-a-b, e-e-c-c, i-d-d-i – durchgespielt werden und der abschließende Paarreim eine epigrammatische Zuspitzung begünstigt wie im englischen Sonett der Shakespeare-Zeit. Gestützt auf diese straffe, aber elastische Detailstruktur konnte er sich hinausbegeben in das, was er rückblickend, am Ende des 8. Kapitels, »die Freiheitsweite des Romanes« nennt.

4

Außer der Strophenform steht von Anfang an eigentlich nur die Figur des Titelhelden und die Gattungsbezeichnung »Roman« fest, obgleich Puschkin in Briefen zunächst noch hin und wieder von einem »großen Gedicht« beziehungsweise einem »Poem« spricht und dessen Teile bald »Gesänge«, bald »Kapitel« nennt. In diesem Schwanken wie in der endgültigen Festlegung auf den »Roman in Versen« mit seinen acht »Kapiteln« kann man eine gewisse Parallele sehen zu der Gattungsbezeichnung des zehn Jahre später vollendeten zweiten großen russischen Romans, der *Toten Seelen* Gogols, der sein Werk nach anfänglichem Schwanken zwischen »Roman« und »Erzählung« schließlich »Ein Poem« genannt hat. Somit stehen am Anfang der großen russischen Romanliteratur zwei Unika, zwei hybride Werke: ein Roman in Versen und ein Poem in Prosa. Das Verbindende zwischen diesen beiden so diametral entgegengesetzten Werken ist die Aufnahme russischer Wirklichkeit in ein poetisches Werk bei Puschkin und die poetische Aufarbeitung russischer Wirklichkeit in einem Prosawerk bei Gogol. In diesen beiden Schöpfungen – und nicht in den gleichzeitigen Romanen üblichen Zuschnitts – wurde der Grund gelegt für die großartige Entfaltung dessen, was man später den russischen realistischen Roman genannt hat, von Gontscharow und Turgenjew bis hin zu Tolstoi und Dostojewski, um nur die höchsten Gipfel zu nennen.

In diesem Zusammenhang erhebt sich natürlich die Frage nach der Deutung von Puschkins Versroman. Gewöhnlich wird Belinskis Charakteristik von 1843 zitiert, das Werk sei »eine Enzyklopädie des russischen Lebens«, was übrigens eine Paraphrase von Friedrich von Schlegels Romandefinition ist. Dieser Meinung widerspricht Nabokov aufs schärfste, indem er erklärt: »Das einzige russische Element ist diese Sprechweise, Puschkins Sprache, die durch Versmelodien wogt und blitzt, wie sie in Rußland vorher gänzlich unbekannt waren«, alles andere seien »französische Versatzstücke«. Für den Formalisten Wiktor Schklowski ist das Ganze »ein Spiel mit der Romanform«, angeregt von Sternes *Tristram Shandy*; auch die verschiedenen Richtungen der russischen Geistesgeschichte, Slawophile und Westler, Volkstümler und Revolutionäre, fanden Bestätigungen ihrer Vorlieben und Urteile in Puschkins Worten und Figuren. Daß der Streit um die Deutung des *Onegin* bis heute nicht ruht, scheint mir der beste Beweis für die ungebrochene Lebendigkeit des Werkes zu sein.

Die zukunftweisende Gestalt ist zweifellos nicht der zwar anständige, aber frustrierte, den Konventionen seiner Gesellschaftsschicht verhaftete, wiewohl sie durchschauende Onegin, sondern die von romantisch-literarischer Schwärmerei zu verantwortungsbewußter Entsagung heranreifende Tatjana, Vorbild so vieler »positiver« Frauengestalten der russischen Literatur – von Turgenew bis hin zu Michail Bulgakows Margarita.

ZUR TEXTGESTALT

Die Übersetzung beruht auf dem Text der großen Akademie-Ausgabe von Puschkins Werken (1937–49), Band VI. Im Gegensatz zu dem dort abgedruckten Text der Ausgabe letzter Hand (1837) umfaßt meine Übersetzung nur den Roman als solchen, das heißt die Kapitel 1–8 einschließlich Widmung und Mottos sowie Puschkins Schlußvermerk »ENDE«. Dies entspricht, wie ich glaube, sowohl Puschkins Grundkonzeption wie besonders der Aufgabe einer Übersetzung, den künstlerischen Gesamteindruck eines Werkes zu vermitteln.

Aus diesem Grunde fehlt in der Übersetzung alles, was im Original nach dem Vermerk »ENDE« noch folgt, das heißt die in der Ausgabe letzter Hand unter der Überschrift »Anhang« enthaltenen 18 Strophen aus einem ausgeschiedenen Kapitel, der sogenannten »Reise Onegins«, und Puschkins eigene Anmerkungen, die allerdings in meinen Erläuterungen zum Teil verwendet und dann durch Kursivdruck und den Zusatz (A. P.) gekennzeichnet sind. Die Strophen aus »Onegins Reise« hätten wegen ihrer landeskundlichen Thematik nicht nur extreme Übersetzungsschwierigkeiten bereitet, sondern auch umfangreicher Kommentare bedurft, und sie gehören kompositorisch nicht zum Roman. Die Anmerkungen Puschkins wurden nur teilweise übernommen, da sich die Übersetzung an heutige deutsche Leser wendet, die andere Erläuterungen brauchen als die, die Puschkin seinen Landsleuten und Zeitgenossen, oft aber auch – in polemischer Absicht – seinen Kritikern zugedacht hatte.

Die Übersetzung folgt in Metrum und Reimanordnung dem Original. Scheinbare metrische Abweichungen lösen sich bei natürlicher Sprechweise der deutschen Verse von selbst auf.

Zu den ausgelassenen Strophen sagt Puschkin selbst in der Separatausgabe des 8. Kapitels (1832): »Die ausgelassenen Strophen haben mehrfach Anlaß zur Verdammung und (übrigens sehr berechtigtem und scharfsinnigem) Spott gegeben. Der Autor bekennt freimütig, daß er ein ganzes Kapitel seines Romanes ausgelassen hat, in dem eine Reise Onegins durch Rußland beschrieben war. [...] aber er entschloß sich, dieses Kapitel auszulassen aus Gründen, die wichtig waren für ihn, und nicht fürs Publikum.« Die Numerierung der Strophen und die Andeutung von Auslassungen durch Punktreihen entspricht den Anordnungen Puschkins und ist nicht durch Eingriffe der Zensur hervorgerufen. Die der Zensur zum Opfer gefallenen Stellen (je sechs Zeilen der Strophen VIII und XXXV des 2. Kapitels) sowie der von Puschkin selbst unterdrückte Name »Schischkow« (Kapitel 8, Strophe XIV, 3) sind hier, wie in der benutzten Akademie-Ausgabe, wiederhergestellt.

Eine technische Bemerkung zur Umschrift russischer Namen:
Dies im Prinzip nicht befriedigend lösbare Problem wurde auch hier natürlich nicht gelöst. Russische Namen werden im allgemeinen nach den Transkriptionsregeln des Duden geschrieben. Bei dem Namen Alexander ist die im Deutschen übliche Form beibehalten worden. Im Anhang sind Einzelwörter und bibliographische Angaben in der wissenschaftlichen Transliteration gegeben, wie sie im Bibliothekswesen unentbehrlich ist. Diese Transliteration folgt den Instruktionen für die alphabetischen Kataloge der preußischen Bibliotheken, wie sie 1899 erstmals formuliert wurden und in der revidierten Fassung von 1908 bis heute verbindlich sind.

ERLÄUTERUNGEN ZUM TEXT

S. 7 Zum Motto: Aus Entwürfen ist zu schließen, daß Puschkin dies Motto selbst erfunden hat. Wichtiger ist, daß er es von der ersten Separatausgabe (1825) bis zur Ausgabe letzter Hand beibehalten hat. Das läßt alle Deutungen zweifelhaft erscheinen, die einen grundlegenden Wandel im Charakter Onegins entdecken (oder ihn zum potentiellen Dekabristen stilisieren) wollen.

S. 9 Zur Widmung: Der Angesprochene ist Pjotr Alexandrowitsch Pletnjow (1792–1865), selbst dilettierender Dichter (daher *schöne Seele*), der seit 1825 in Petersburg die Herausgabe der Werke des verbannten Puschkin betreute.

Mit *Welt* (wörtlich *stolze Welt*) in Zeile 1 ist, wie meist im Roman, »le beau monde« gemeint, das heißt die vornehme Gesellschaft Petersburgs und Moskaus.

Erstes Kapitel

S. 11 Das Motto stammt aus dem Gedicht »Der erste Schnee« (1819) von Puschkins Freund Fürst Pjotr Andrejewitsch Wjasemski (1792–1878). Subjekt der zitierten Zeile war dort »die junge Hitzigkeit«.

S. 12 II,5 *Ruslans Geschichten*: Puschkins erste Buchveröffentlichung, das Versepos »Ruslan und Ljudmila« (1820).

14: Hierzu merkt Puschkin an *Geschrieben in Bessarabien* (A. P.), womit er daran erinnert, daß er aus dem *Norden* strafversetzt worden war.

S. 15 VII spielt auf die damalige Modewissenschaft an, die Nationalökonomie, speziell auf Adam Smiths (1723 bis 1790) »Wealth of Nations« (1776).

S. 17 XII,10: Chevalier de *Faublas*, der (Weiber)Held eines galanten Abenteuerromans von Jean-Baptiste Louvet de Couvray (1760–1797).

S. 18 XV,10: *Bolivar*: leicht trichterförmiger, breitkrempiger Seidenzylinder der Stutzer um 1820.

14: Gemeint ist die von Abraham-Louis Breguet (1747–1823) erfundene Uhr mit Weckwerk.

S. 19 XVI,5: *Talon*: *Bekannter Gastronom* (A. P.).

6: Pjotr P. *Kawerin*, 1816–20 mit Puschkin befreundeter Offizier, studierte in Göttingen; geistig interessierter Bonvivant.

8: *Der Elfer*, auch von Goethe (als »Eilfer«) besungener Jahrhundertwein des Jahrgangs 1811. Die Handlung des 1. Kapitels spielt 1819.

XVII,12f.: Die Namen kennzeichnen das französisch-klassizistische Repertoire der damaligen Petersburger Bühnen. Am modernsten ist *Moïna*, die aus einer Ossian-Bearbeitung von Oserow stammt.

S. 20 XVIII,1: Denis Iwanowitsch *Fonwisin* (1745–1792), erster bedeutender russischer Komödiendichter.

4: Jakow Borissowitsch *Knjaschnin* (1742–1792), klassizistischer Bühnenautor. *gelehrig* als Imitator fremder Vorbilder.

5: Wladislaw Alexandrowitsch *Oserow* (1769–1816), Autor mehrerer sentimentaler Tragödien.

7: Jekaterina A. Semjonowa (1786–1849), berühmte Tragödin.

11: Fürst Alexander Alexandrowitsch *Schachowskoi* (1777–1846), Theaterdirektor und produktiver Komödienschreiber.

12: Charles Louis *Didelot* (1767–1837), seit 1801 Ballettmeister und Chefchoreograph in Petersburg.

XIX,6: *Terpsichore*, die Muse des Tanzes; die Betonung folgt dem Griechischen, Russischen und – Heinrich Heine.

S. 21 XX,8: Awdotja Iljinitschna *Istomina* (1799–1848), Primaballerina seit 1815.

XXI,13: *Ein Zug erkalteten Gefühls, der eines Childe Harold würdig ist. Die Ballette von Herrn Didelot sind von lebhafter Phantasie und ungewöhnlichem Liebreiz erfüllt. Einer unserer romantischen Schriftsteller* (womit Puschkin sich selbst meint) *fand in ihnen weit mehr Poesie als in der ganzen französischen Literatur.* (A. P.)

S. 23 XXIV,10: Puschkin zitiert hier eine Stelle aus Jean-Jacques Rousseaus (1712–1778) »Bekenntnissen« und fährt fort: *Grimm* (der Enzyklopädist Friedrich Melchior Freiherr von Grimm, 1723–1807) *war seiner Zeit voraus: heute säubert man im ganzen gebildeten Europa die Nägel mit einer besonderen Bürste.*

XXV,7: Pjotr Jakowlewitsch *Tschadajew* oder Tschaadajew (1794–1856), um 1820 Husarenoberst und »the prince of dandies«; ein hochgebildeter Mann, dessen Freundschaft Puschkin schon 1816 gewann.

S. 24 XXVI, 14: Das »*Wörterbuch* der Russischen *Akademie*«, 6 Bände, 1789–94, hatte eine puristische Tendenz, weshalb moderne Fremdwörter oft ausgeschlossen blieben.

S. 25 XXVIII,9: In einer nicht publizierten Anmerkung zu dieser Zeile schrieb Puschkin: *Ungenau. Gardereiter und auch Gardehusaren trugen zum Ball Hofuniform und Halbschuhe. Ein berechtigter Einwand, aber so wird die Beschreibung doch poetischer [...].*

S. 26 XXXI,12: *Verschickung* bezieht sich auf die Strafversetzung Puschkins, die zur Zeit der Abfassung dieser Strophe schon drei Jahre dauerte.

S. 27 XXXII,9: *Elwine*, ein konventioneller Name für das jeweils besungene Mädchen, ähnlich der *Phyllis* (3. Kapitel, II,9) der Anakreontiker.

XXXIII,10: *Armiden* zeigt durch den Plural die Konventionalität auch dieses Namens. Er gehört ursprünglich *Armida*, der reizvollen und streitbaren Heldin aus Tassos »Befreitem Jerusalem« (1581).

S. 28 XXXV,14: *le vasistas*, ein Klappfenster in der Ladentür.

S. 30 XXXVIII: Die Strophe fügt Onegin ein in die Reihe der modischen Romanhelden jener Zeit: François René Chateaubriands (1768–1848) »René« (1802), Barbara Juliane Freifrau von Krüdeners (1764–1824) Linar (in »Valérie« – 1803), Etienne Pivest de Senancours (1770–1846) »Oberman« (1804) und schließlich Lord Byrons »Childe Harold« (1812). Vgl. auch 7. Kapitel XXII,5–14.

11: *Boston* (französisch auszusprechen), ein whistähnliches Kartenspiel.

S. 31 XLII: *Diese ganze ironische Strophe ist nichts anderes als ein subtiles Lob unserer schönen Landsmänninnen [...] Unsere Damen vereinen Bildung mit Liebenswürdigkeit und strenge Sittenreinheit mit jenem orientalischen Reiz, der Frau Staël so bestrickte. (Vgl. »Dix années d'exil«).* (A. P.)

6: Jeremy *Bentham* (1748-1832), englischer, und Jean Baptiste *Say* (1767–1832), französischer Nationalökonom. Vgl. Anm. zu Strophe VII.

S. 33 XLVII,5: *Diana* wird hier, nach französischem Brauch, dem Mond gleichgesetzt.

S. 34 XLVIII,3–4: Hierzu zitiert Puschkin aus dem Gedicht »An die Göttin der Newá« von Michail N. Murawjow (1757–1807) die Strophe, aus der er seine 2. Zeile und den zugehörigen Reim entlehnt hat.

8: *Millionna(ja)*: südliche Parallelstraße zum Uferkai der Newa.

14: *Torquato* Tasso (1544–1595), der Dichter des »Befreiten Jerusalem« (1581). Strophen aus diesem Epos (ottave rime = *Reimoktaven*) sollen, nach Byron, damals noch von venezianischen Gondolieri gesungen worden sein.

XLIX,2: *Brenta*: von Byron besungener Fluß in Venetien.

6: *Albions stolze Leier* meint George Gordon Noël Lord Byron (1788–1824).

S. 35 L,3: *Geschrieben in Odessa* (A. P.): Hier plante Puschkin tatsächlich eine Flucht aus Rußland über See.

11: *Vgl. die erste Ausgabe des Jewgeni Onegin* (A. P.): Dort war eine ausführliche Anmerkung zu lesen über Puschkins Urgroßvater mütterlicherseits, den »Mohren Peters des Großen«, Abram Petrowitsch Gannibal (um 1697–1781).

S. 38 LVII,8: *Der Berge Kind*: die Tscherkessin aus Puschkins Verserzählung »Der Gefangene im Kaukasus« (1821).

9: *Salgirs Gefangene im Schleier*: die Haremsdamen Maria und Sarema aus der Verserzählung »Der Springbrunnen von Bachtschissarai« (1822). Salgir ist ein Flüßchen bei Bachtschissarái, der ehemaligen Residenz des Khans der Krimtataren.

S. 41 Das Motto (O Landleben! .../O altes Rußland!) ist ein unübersetzbares Wortspiel. Das russische Wort *Rus* bezeichnet historisch das alte Rußland vor Peter I., dem Großen (1672–1725, Zar seit 1682, Kaiser seit 1721), wird aber mit allem echten, so ehrwürdigen wie zurückgebliebenen Russischen assoziiert, wie es sich auf dem Lande (lat. *rus*) erhalten hat. Damit ist der Wechsel vom europäisch-mondänen Petersburg zum altmodisch-traditionsgebundenen Leben des kleinen Landadels genau und witzig gekennzeichnet.

S. 43 III,12: *Anno acht* = 1808. Onegins Ankunft auf dem Lande ist auf den Sommer 1820 zu datieren.

IV,5–7: Hier geht es um die Ablösung der *Fronarbeit* auf Gutsherrnland durch eine in Geld oder Naturalien zahlbare *Pacht* für die Landnutzung.

S. 44 V,10: *Farmason*, verballhornt aus *franc maçon* = Freimaurer. Das in der russischen Intelligenz seit etwa 1780 verbreitete Freimaurertum war bei dem streng orthodoxen Landadel als antichristlich verschrien. Alexander I. (1777–1825, Kaiser seit 1801) verbot 1822 die Logen, darunter auch die, der Puschkin angehörte.

S. 45 VIII,9–14: Diese Zeilen waren der Zensur zum Opfer gefallen, die hier freimaurerisches Gedankengut vermutete.

S. 47 XII,14: Es handelt sich um ein Lied aus dem Singspiel »Das Donauweibchen« (Wien 1798) von Ferdinand Kaner (1751–1831; Musik) und Karl Friedrich Hensler (1759–1825; Text), das 1803 als »Rusalka« in Petersburg in einer freien russischen Übertragung von Nikolai Stepanowitsch Krasnopolski aufgeführt wurde. Ein zweiter Teil, »Die Dnjepr-Rusalka«, folgte 1804. Stepan Iwanowitsch Dawydow (1777 bis 1825) komponierte als Forsetzung einen dritten (»Lesta, die Dnjepr-Rusalka«, 1805) und einen vierten Teil (»Rusalka«, 1807; Text: Schachowskoi).

S. 49 XVI,3–4: Anspielung auf zwei Schriften Rousseaus: »Le contrat social« (1762) und »Si l'établissement des sciences et des arts a contribué à épurer les mœurs« (1750).

S. 53 XXIV,1: *Die wohlklingendsten griechischen Namen wie z. B. Agafón, Filat, Fedora, Fjokla u. a. sind bei uns nur unter dem einfachen Volke gebräuchlich.* (A. P.). Diese Heiligennamen wirken ähnlich wie im Deutschen etwa Korbinian, Theophil, Kreszentia, Eulalie.

S. 56 XXIX,4: Samuel *Richardson* (1689–1761), Erfinder des Briefromans; seinerzeit vielgelesen waren »Clarissa Harlow or The History of a Young Lady« (1748) und »The History of Sir Charles Grandison« (1754). Der positive Held des zweiten und der negative des ersterwähnten Romans werden in der nächsten Strophe genannt.

XXX,3–4: *Grandison und Lovelace, Helden zweier berühmter Romane.* (A. P.). Alle englischen Namen sind französisch auszusprechen oder zumindest zu betonen, wie denn auch die englischen Romane in französischer Übersetzung gelesen wurden.

S. 57 XXXI,13–14: Für diese Sentenz beruft sich Puschkin auf Chateaubriands Satz: »*Si j'avais la folie de croire au bonheur, je le chercherais dans l'habitude.*« (Wenn ich so verrückt wäre, an das Glück zu glauben, würde ich es in der Gewohnheit suchen.)

XXXII,11: Den für den (25jährigen) Militärdienst vorgesehenen Leibeigenen schnitt man die Stirnhaare ab, um Fluchtversuche zu erschweren.

S. 58 XXXIII,12: *Praskowja* und *Akulka* sind bäurisch-plump wirkende Vornamen (vgl. Anm. zu Strophe XXIV,1).

S. 59 XXXV,3: *Butterwoche*: die Woche vor Beginn der großen vorösterlichen Fasten.

5–11: Diese Zeilen fielen der (kirchlichen) Zensur zum Opfer.

12: *Kwaß*: erfrischendes Getränk aus Roggenbrot und Malz.

XXXVI,4: *Kranz* beziehungsweise Krone: Im orthodoxen Ritus wird bei zwei Gelegenheiten eine »Krone« verwendet, bei der Hochzeit und bei der Beerdigung. Russisch *venec* kann »Kranz« und »Krone« bedeuten; ich dachte an den »Jungfernkranz« (und brauchte ein einsilbiges Wort).

9: *Barin*: patriarchalische Bezeichnung und Anrede für den (Guts-)Herrn.

13: *Brigadier*: Brigadegeneral.

S. 60 XXXVII,6: *»Armer Yorick!« – Ausruf Hamlets über dem Schädel des Narren (Vgl. Shakespeare und Sterne).* (A. P.)

9: *Türkenfeldzug-Orden*: Medaille für Teilnahme an der Eroberung (1788) der Festung Otschakow (am Schwarzen Meer, 60 Kilometer westlich von Odessa) unter Alexander Wassiljewitsch Suworow (1730 bis 1800).

Drittes Kapitel

S. 63 Das Motto (Sie war ein Mädchen, sie war verliebt) stammt aus der Verserzählung »Narziß oder Die Insel der Venus« (1768) von Jacques Louis Clinchamp de Malfilâtre (1733–1767) und war dort von der

Nymphe Echo gesagt. Deren selbstlose Liebe zu Narziß scheitert an seiner egoistischen Lieblosigkeit.

S. 64 II,9: *Phyllis*: in der Schäferdichtung des 18. Jahrhunderts beliebter Mädchenname.

S. 66 V,3: *Swetlana*: Heldin der gleichnamigen, damals hochberühmten Ballade Schukowskis (1812), einer in russische Folklore eingekleideten Nachahmung von Gottfried August Bürgers (1747–1794) »Lenore« (1773).

S. 68 IX,7–8: *Julia Wolmar – Die Neue Héloise. Malek-Adhèl – Held eines mittelmäßigen Romans von Mme. Cottin. Gustave de Linar – Held einer reizenden Erzählung der Baronin Krüdener.* (A. P.) Tatjanas Lektüre besteht aus den »gängigsten Romanen« (vgl. Kap. 2, XXIII,9) des Sentimentalismus: »Julie ou la Nouvelle Héloïse« (1761) von Jean-Jacques Rousseau als Muster der Gattung, »Mathilde« (1805) von Sophie (eigtl. Marie) Cottin (1770–1807) und »Valérie ou Lettres de Gustave de Linar à Ernest de G.« (1803) von Barbara Juliane von Krüdener. Der *Liebling der Julie Wolmar* ist ein Monsieur St. Preux.

X,3: Zu der bereits erwähnten *Julia* (de Wolmar) kommen hier zwei weitere Titel aus Tatjanas Leseliste: *Clarissa*, Heldin und Roman von Samuel Richardson (1748), sowie *Delphine*, vielleicht Heldin und Roman (1802) von Mme. de Staël (1766–1817), wahrscheinlicher Heldin der Erzählung »Schule der Freundschaft« (1761) von Jean-François Marmontel (1723–1799), russisch (1794–98) von Karamsin. (Vgl. Kap. 5, XXIII, 10.)

14: *Grandison*: (positiver) Romanheld von Richardson (1754). (Vgl. Kap. 2, XXX,3 und 13; Kap. 7, XLI, 9–10.)

S. 69 XII,8–11: Puschkin gibt hier einen »modernen«, das heißt romantischen Gegenkanon zu Tatjanas Lektüre, wozu er anmerkt: *Vampir – eine fälschlich Lord Byron zugeschriebene Erzählung. Melmoth – das geniale Werk von Maturin. Jean Sbogar – der bekannte Roman von Karl Nodier.* (A. P.) Die *Jünglingin* von *heut*, das heißt 1824, liest – anders als die provinziell rückständige Tatjana – die neuesten Schauerromane und Räuberpistolen wie »Melmoth the Wanderer« (1820) von Charles Robert Maturin (1782 bis 1824), Lord Byrons Verserzählung »The Corsaire« (1814, in französischer Prosa 1822), den von Byrons Arzt John William Polidori (1795–1821) verfaßten »The Vampyre, a Tale« (1819) und den Roman vom edlen Räuber »Jean Sbogar« (1818) von Charles Nodier (1780–1844). Zum »Ewigen Juden« äußert sich Puschkin nicht, so daß unklar bleibt, welche Bearbeitung dieses (mit dem des »Melmoth« verwandten) Themas er meint.

S. 71 XVI,14: *Njanja*: Kinderfrau, leibeigene Bäuerin, die die Kinder der Herrschaft oft viele Jahre betreute, weshalb sie ihnen manchmal (so im Falle Puschkins) näherstand als die eigene Mutter.

S. 74 XXII,10: *Lasciate ogni speranza voi ch'entrate. Unser bescheidener Autor hat nur die erste Hälfte des berühmten Verses übersetzt.* (A. P.)

S. 77 XXVII,4: *»Der Wohlgesinnte«*, Zeitschrift.

XXVIII,3–4: *gelber Schal* und *Kapott*: typisch weibliche Kleidungsstücke.

S. 78 XXIX,8: Ippolit Fjodorowitsch *Bogdanowitsch* (1744–1802), Rokokodichter, dessen Russifizierung von Jean La Fontaines (1621–1695) »Psyché« Puschkins Erstling »Ruslan und Ljudmila« stilistisch beeinflußte.

13: Hier verabschiedet sich Puschkin von dem Lieblingsautor seiner Jugend, Evariste-Désiré de Forges, Vicomte de *Parny* (1753–1814), dem Verfasser eleganter Liebeselegien und frivoler Bibelparodien.

XXX,1: *Je(*wgeni*) A(*bramowitsch*) Baratynski.* (A. P.): mit Puschkin befreundeter Lyriker (1800 bis 1844), der damals nach Finnland strafversetzt war. Das *»Fest«* (wörtlich »Die Gelage«): eine den Petersburger Jugendfreunden gewidmete große Elegie.

S. 79 XXXI,13: *Der Freischütz*: 1821 in Berlin uraufgeführte romantische Oper von Carl Maria von Weber (1786–1826).

S. 85 XXXVII,14: Die kyrillischen Initialen von *Jewgeni Onegin* gleichen dem lateinischen E. O.

Viertes Kapitel

S. 89 Das Motto (Die Moral liegt in der Natur der Dinge), ein Ausspruch des französischen Finanzministers Jacques Necker (1732–1804), entstammt dem Buch seiner Tochter, Mme. de Staël, »Betrachtungen über die Hauptereignisse der Französischen Revolution« (1818).

S. 90 VII,13: *Rote Schuhe* (genauer: Absätze) gehörten zur Kleidung der Stutzer des 18. Jahrhunderts. Zu *Lovelace* vgl. Anm. zu Kap. 2, XXIX,4 und XXX,3–4.

S. 94 XIV,13: *Hymen*, griechischer Hochzeitsgott, hier für Ehestand.

S. 100 XXVI, 3–4: *Chateaubriand* hatte mit seinem Roman »René« (1802) die romantischen Helden Lord Byrons und vieler anderer vorweggenommen. Vgl. auch Anm. zu Kap. 7, XXII,5–14.

S. 101 XXVIII,10–11: Die beiden Zeilen müssen – gegen französischen Brauch – männlich reimend gelesen werden. *t.à v.* ist zu lesen: *toute à vous* (ganz die Ihre).

S. 102 XXX,6: Graf Fjodor P. *Tolstoi* (1783–1873), Bildhauer, Medaillenschneider, Maler und Zeichner.

14: *Madrigal*: konventionelles Huldigungsgedicht.

XXXI,9: Nikolai Michailowitsch *Jasykow* (1803 bis 1845), Dichter von Elegien, Wein- und Liebesliedern. Er mochte den »Onegin« nicht, was Puschkin nicht hinderte, ihm hier ein Denkmal zu setzen.

S. 103 XXXII,2: Der *strenge Kritiker*, Puschkins Klassenkamerad Wilhelm Karlowitsch Küchelbecker (1797 bis 1846), hatte 1824 die Elegienmode getadelt, ihr aber als positives Ideal die Odendichtung gegenübergestellt, die im 18. Jahrhundert blühte. Daher die Schlußzeile dieser Strophe.

XXXIII,5: Iwan Iwanowitsch *Dmitrijew* (1760 bis 1837) hatte eine Satire gegen die Odendichtung geschrieben.

S. 104 XXXV,8: *Mein Drama*: Puschkin schrieb 1825 in Michailowskoje seinen »Boris Godunow«.

S. 105 XXXVI–XXXIX: Puschkin hat brieflich geäußert, daß er im 4. Kapitel sein eigenes Leben in Michailowskoje geschildert habe. Das gilt ganz besonders für diese Strophen.

XXXVI,5: *Anachoret*: Eremit, Einsiedler.

9–10: Byron durchschwamm den Hellespont (die Dardanellen) am 3. Mai 1810; vgl. seinen »Don Juan«, 2. Gesang, Strophe CV. *Sotanen* = ironisch archaisierend für *diesen*

XXXVIII,3–4: Diese Zeilen sind eine wörtliche Übersetzung aus André Chénier (»Elégies«, III,8): »Le baiser jeune et frais d'une blanche aux yeux noirs«. Hinter dieser literarischen Reminiszenz verbirgt sich Autobiographisches. Puschkin hatte in Michailowskoje ein Verhältnis mit einem Bauernmädchen, Olga Kalaschnikowa, die ihm am 1. Juli 1826 einen Sohn gebar (Pawel), von dessen weiterem Schicksal nichts bekannt ist.

S. 107 XLIII,10: Die zur Lektüre empfohlenen Autoren sind Dominique Dufour de *Pradt* (1759–1837), ein französischer Publizist, und Sir Walter *Scott* (1771 bis 1832), der vor allem durch seine historischen Romane europäischen Ruhm erwarb.

S. 108 XLV,2: Beide Firmen existieren heute noch. Das *t* von *Moët* wird tatsächlich mitgesprochen.

S. 109 XLVII,12: Ein Gallizismus, französisch »entre chien et loup«, das heißt die Dämmerstunde, wo der Schäfer Hund und Wolf nicht mehr unterscheiden kann.

S. 111 L,11: *August* (Heinrich Julius) *Lafontaine, Verfasser einer Vielzahl von Familienromanen.* (A. P.) Dieser deutsche Autor (1758–1831) schrieb über 160 Bände meist trivial sentimentaler Familienromane.

Fünftes Kapitel

S. 113 Das Motto ist aus Schukowskis bereits erwähnter (s. Anm. zu S. 66) berühmter Ballade »Swetlana« (1812) entnommen und weist auf Tatjanas Traum als das Kernstück dieses Kapitels. Aus Schukowskis Ballade stammen auch die »Leitmotive« für Onegin – der besondere Blick – und Tatjana – der Aufenthalt am Fenster.

S. 114 II: Dies Winterbild im Stil der *flämischen Schule*, wie Puschkin an anderer Stelle sagt, ist, trotz gegenteiliger Versicherung in der nächsten Strophe, in bewußter Konkurrenz zu ähnlichen Beschreibungen Wjasemskis und Baratynskis geschrieben.

S. 115 III,7: *Siehe »Der erste Schnee«, Gedicht von Fürst Wjasemski.* (A. P.) Aus demselben Gedicht war das Motto zum 1. Kapitel entnommen.

14: *Vgl. die Beschreibungen des finnischen Winters in Baratynskis »Eda«.* (A. P.) Eda (*Finnlands Maid*) ist die Heldin der gleichnamigen Verserzählung (1825) Baratynskis.

IV,14: Die Wortwahl deutet darauf hin, daß das *Prophezeien* hier durch Kartenlegen geschieht.

S. 117 VIII,5ff.: Das Erraten des »Künftigen« geschieht dadurch, daß die versammelten Mädchen *ihre Ringe* in eine Schüssel mit Wasser legen. Die Schüssel wird zugedeckt, und man singt die sogenannten »Schüssellieder«. Nach jedem Lied wird ein beliebiger Ring herausgenommen, und dessen Besitzerin versucht, aus dem gerade gesungenen Lied auf ihre Zukunft und ihren Zukünftigen zu schließen. Puschkin führt zwei dieser Schlüssellieder an und bemerkt dazu:

14: *Der Kater ruft die Mieze / Im Ofeneck zu schlafen: Verheißung der Hochzeit; das erste Lied sagt den Tod voraus.* (A. P.)

S. 118 IX,6 f.: *Auf diese Weise erkundet man den Namen des künftigen Bräutigams.* (A. P.)

14: Im Original heißt der angesprochene Bauer *Agafon*; vgl. die ironische Anmerkung Puschkins zu Kap.2, XXIV,1 (S. 237).

X,3: *Banja,* das bei jedem russischen Hof vorhandene Badehäuschen, eine Art Sauna. Die Zauberei wird dort abgehalten, weil es da keine Ikonen gibt.

X,11: *Lel* galt als Name des altslawischen Liebesgottes.

S. 119 XI,14: vgl. Kap. 3, XLI,8 (S. 88).

S. 124 XXII,9: *Seneca*, im Russischen tatsächlich auf der vorletzten Silbe betont, mag im Deutschen als ironische Verfremdung des Namens durchgehen. Der damit reimende Zadeka ist etwa Sadäka auszusprechen, also polnisch, obwohl dies Pseudonym eines deutschen oder schweizerischen Traumbuchautors vom hebräischen Zaddok abgeleitet ist.

S. 125 XXIII,5: *Malwine*, Roman von Sophie Cottin.

8–10: Unter den typischen Druckerzeugnissen des 18. Jahrhunderts stehen neben *Fabelkram* auch *zwei Petriaden*, das heißt nach dem Vorbild von Voltaires (1694–1778) »Henriade« versifizierte Geschichten Peters des Großen. *Band drei von Marmontel* enthielt die »Contes moraux«, darunter die Erzählung »École de l'amitié«, deren Heldin *Delphine* manches mit Tatjana gemein hatte; vgl. Anm. zu Kap. 3, X,3 (S. 239).

S. 126 XXV,1–4: *Parodie bekannter Verse Lomonossows.* (A. P.) Michail Wassiljewitsch Lomonossow (1711 bis 1765), Gelehrter und Dichter. Puschkin parodiert hier seine Ode »Auf den Jahrestag der Thronbesteigung Ihrer Majestät der Kaiserin Elisabeth« (1748).

XXVI: Alle Namen sind sprechend, einige literarisch vorgeprägt:

Pustjakow von pustoj = leer; *Petuschkow* von petuschok = Gockel; *Skotinin* von skot = Vie(c)h; *Bujanow* von bujanit' = krakeelen; *Gwosdin* von gwosd' = Nagel; *Fljanow* erinnert an Flaneur; *Charlikow* von karlik = Zwerg oder von charlo = Gurgel, Kehle. *Skotinin* hieß bereits ein negativer Held in Fonwisins Komödie »Der Halbwüchsige« (1782); vgl. Anm. zu Kap. 1, XVIII,1 (S. 232).

XXVI,9–10: *Bujanow* ist der Held der Verserzählung »Der gefährliche Nachbar« (1811), die ungedruckt – es ist eine Bordellanekdote –, aber jedermann bekannt war. Die Zeile *Die Mütze schief, den Rock voll Stroh* ist ein wörtliches Zitat daraus. Verfasser dieses Werkchens war Puschkins Onkel Wassili Lwowitsch Puschkin (1766–1830); deshalb wird dessen »geistiger Sohn« Bujanow von Puschkin als sein *Vetter ersten Grades* apostrophiert.

S. 127 XXVII,13–14: *belle* ist einsilbig, *Tatíana* dagegen viersilbig zu sprechen, mit französischer Endbetonung.

S. 129 XXXII,11: *Zizi*: Eupraxie Wulf, eine der jungen Damen, die Puschkin während seiner Verbannung nach Michailowskoje (1824–26) häufig im benachbarten Trigorskoje, einem Gut der Familie Ossipow-Wulf, besuchte.

S. 132 XL,4: *Alban*: der italienische Maler Francesco Albano (1578–1660), der im 18. Jahrhundert hoch geschätzt war.

Sechstes Kapitel

S. 135 Das Motto (Dort unter nebligen und kurzen Tagen / Erwächst ein Volk, das Schmerz nicht spürt beim Sterben) besteht aus den Zeilen 49 und 51 der Canzone XXVIII aus Francesco Petrarcas (1304–1374) »In vita di Laura«. Gemeint sind vielleicht tatsächlich die Russen, deren Mitwirkung beim Kreuzzug 1334 Petrarca erhofft. Die Zeile 50: »nemica naturalmente di pace« (feindlich von Natur dem Frieden) hat Puschkin ausgelassen.

S. 138 V,11: *Regulus*, Marcus Atilius (um 260 v.Chr.), römischer Feldherr, der im 1. Punischen Krieg in karthagische Gefangenschaft geriet. Als Mitglied einer

Friedensdelegation nach Rom geschickt, soll er dort gegen Karthago gesprochen haben, aber trotzdem – seinem gegebenen Wort treu – nach Karthago zurückgekehrt sein, wo ihn der sichere Tod erwartete.
13: *Véry: Pariser Gastronom.* (A. P.) Sein Lokal im Tuileriengarten war für seine gute Küche bekannt.

S. 139 VII,9: *Faulbaum*: ein in Nord- und Mittelrußland verbreiteter Laubbaum mit weißen, stark (jasminähnlich) duftenden Blüten; sein Name (tscherjómucha) wird mit den »weißen Nächten« des Frühsommers und romantischen Jugendgefühlen assoziiert.

S. 141 XI,12: *Ein Vers von Gribojedow.* (A. P.), aus der damals nur in Abschriften kursierenden Komödie »Verstand schafft Leiden« (1823) von Alexander Sergejewitsch Gribojedow (1795–1829).

S. 144 XX,14: Baron Anton Antonowitsch *Delwig* (1797 bis 1830), Puschkins Klassenkamerad und phantasiebegabter Dichter.

S. 146 XXIII,2–4: Puschkins Verständnis des Terminus *romantisch* geht über Mme. de Staël auf August Wilhelm von Schlegel (1767–1845) zurück. So schreibt er 1825: »Welche Arten von Gedichten sind also der romantischen Poesie zuzuweisen? Diejenigen, die den Alten nicht bekannt waren, und die, in denen die früheren Formen sich gewandelt haben oder durch andere ersetzt wurden.«

S. 147 XXV,12: *Lepage – berühmter Waffenhersteller.* (A. P.)

S. 157 XLVI,2ff.: Gemeint ist die Zeit der Verbannung in Michailowskoje von August 1824 bis September 1826.

S. 159 Das erste Motto stammt aus dem Gedicht »Die Befreiung Mokaus« (1795) von Iwan Iwanowitsch Dmitrijew (1760–1837) – vgl. Anm. zu Kap.4, XXXIII,5 (S. 242); das zweite ist Baratynskis schon erwähntem Gedicht »Die Gelage« (1821) entnommen – vgl. Anm. zu Kap.3, XXX,1 (S. 241); das dritte stammt aus Gribojedows ebenfalls schon erwähnter Komödie »Verstand schafft Leiden« (1823) – vgl. Anm. zu Kap.6, XI,12 (S. 247). Die ersten beiden Motti sind, wie Puschkins eigener Hymnus auf Moskau in Strophe XXXVI dieses Kapitels, in die Form einer rhetorischen Frage gekleidet, was durch die skeptische Replik des weitgereisten Tschatzki im dritten Motto einen Hauch von Fragwürdigkeit bekommt. In der Aporie mehr oder weniger rhetorischer Fragen endet ja auch Tatjanas Nachsinnen über die wahre Natur Onegins in den Strophen XXIV und XXV dieses Kapitels (S. 170f.).

S. 161 IV,4: *Ljowschin, Verfasser vieler Werke zur Landwirtschaft*. (A. P.)

13: Das Reisen *mit Postgespann* war das bei weitem teurere und schnellere, da man auf den Poststationen die Pferde wechseln konnte – vgl. Strophe XXXV (S. 176).

S. 168 XIX,12–14: eine Napoleon-Statuette.

S. 169 XXII,5–14: *Don Juan*: seit 1819 kapitelweise erscheinende (unvollendete) Verserzählung von Lord Byron. Die *zwei, drei Romane* sind in einem der Entwürfe genannt: *»Melmoth«*, *»René«*, *Constants »Adolphe«*, das heißt der mehrfach erwähnte *»Melmoth* the Wanderer« (1820) von Maturin; sein Held sucht vergeblich Erlösung im Tod, der ihm durch einen Teufelspakt (zwecks Erlangung ewiger Jugend) verwehrt ist, solange er niemanden findet, der für ihn in den Pakt einzutreten bereit ist. Melmoth versucht sein »Glück« bei Menschen in verzweifelter Lage, aber alle lehnen ab (vgl. auch Kap.3, XII,9, und Kap.8, VIII,5, und die zugehörigen Anmerkungen). *»René«* ist der berühmte Roman von Chateaubriand, vgl. Anm. zu Kap.4, XXVI,4 (S. 241), der 1802 als Teil von »Le Génie du Christianisme« erschien. Auf den dritten, ebenso berühmten Roman *»Adolphe«* (1816) von Benjamin Constant (1767–1830) verweist Puschkin nochmals in Nr. 1 der »Literaturnaja gazeta« (1830) mit den Worten: *Adolphe* gehört zu den *zwei, drei Romanen* (worauf unsere Stelle, Vers 6–14, zitiert wird).

S. 171 XXVI,5: *Pychtin*: ein weiterer sprechender Name; von pychtet' = schnaufen, hasten, auflodern.

S. 172 XXVIII,5–14: Tatjana variiert hier Johannas Abschied aus dem 4. Auftritt des Prologs von Friedrich von Schillers (1759–1805) »Jungfrau von Orleans« (1801).

S. 176 XXXV,5: *Automedon*: in Homers »Ilias« der Rosselenker des Achill.

7–8: Eine Werst = 1,067 Kilometer. Hier sind die Werstpfähle gemeint, die im Winter den Verlauf der Wege markierten. Den hyperbolischen Vergleich mit dem Lattenzaun hat Puschkin aus einer münchhausenhaften Anekdote entlehnt.

XXXVI,5–11: Erinnerung an die unverhoffte Rückkehr aus der Verbannung nach Moskau Anfang September 1826, als Puschkin in Begleitung eines Feldjägers direkt zum neuen Zaren, Nikolaus I. (1796 bis 1855, Kaiser seit 1825), gebracht wurde, noch nicht wissend, ob zur Aburteilung oder zur Begnadigung.

S. 177 XXXVIII,5: *Twerskaja*: Ausfallstraße von Moskau nach Nordwesten, heute der Straßenzug Gorkistraße/Leningrader Prospekt / Leningrader Chaussee.

S. 182 XLIX,1: Im Moskauer Archiv des Außenministeriums taten viele junge Adlige Dienst, die nicht Offiziere werden wollten, darunter einige Freunde Puschkins.

S. 183 LI,1: Das *Sobranje*, der Russische Adelsklub in Moskau.

S. 185 LV,6–11: Parodie auf den *Anruf* der *Musen* und die Inhaltsangabe, die nach klassi(zisti)schem Kanon am Anfang jedes *epischen* Gedichts zu stehen hatten – in der Nachfolge Homers und Vergils.

Achtes Kapitel

S. 187 Das Motto (Leb nun wohl, und wär's für immer, Auch für immer leb nun wohl) ist der Beginn des Abschiedsgedichtes Lord Byrons an seine geschiedene Frau (1816). Die ersten fünf Strophen geben einen Rückblick auf Puschkins dichterischen Lebenslauf unter dem Bilde der Wandlungen seiner Muse. Dahinter stehen folgende biographische Fakten:

S. 188 I: Die ersten Verse entstanden während der Schulzeit im Lyzeum von Zarskoje Selo (1811–1817) im Schloßpark und im Internatszimmer. *Apuleius* steht für das Interesse an Erotika, *Cicero* für Schullektüre.

II: Während eines öffentlichen Examens deklamierte der 16jährige Puschkin in Anwesenheit des greisen Gawrila Romanowitsch Derschawin (1743–1816) ein eigenes Gedicht. Derschawin, der bedeutendste russische Dichter des 18. Jahrhunderts, soll Puschkin als seinen Nachfolger bezeichnet haben. Er starb wenige Monate später.

S. 189 III: Zusammenfassung der Petersburger Jahre 1817 bis 1820.

IV: Nach der zur Flucht umstilisierten Strafversetzung in den Süden werden die großen Erlebnisse des Kaukasus und der Krim (*Tauris*) beschworen und zugleich die neue, romantische Qualität der nun entstehenden Poeme dadurch angedeutet, daß die Muse als *mondscheinbleiche Lenore* erscheint. Bürgers Ballade (1773) war in Rußland durch Übersetzungen von Schukowski und Pawel Alexandrowitsch Katenin (1792–1853) seit 1816 allbekannt.

S. 190 V: In Bessarabien soll Puschkin einige Tage bei Zigeunern verbracht haben. 1824 schrieb er – parallel zu den ersten Kapiteln des »Onegin« – das letzte der »südlichen Poeme«, »Die Zigeuner«. Die Verbannung von Odessa nach Michailowskoje spiegelt sich nur in der Zeile *Doch bald sah alles anders aus*. Die nächste Verwandlung der Muse läßt sie Tatjana zum Verwechseln ähnlich werden.

VI,2: *Rout, Abendgesellschaft ohne Tanz, eigentlich bedeutet es: Menge*. (A. P.)

S. 191 VIII,5–7: Alle hier aufgezählten *Masken* sind Anfang der zwanziger Jahre verbreitete Attitüden gewesen. Sie gehören paarweise zusammen: Im *Kosmopoliten* und im *Patrioten* deuten sich die späteren Gruppierungen der Westler und Slawophilen schon an. Mit *quäkerisch* und *bigott* werden Spielarten der in der Umgebung Alexanders I. gepflegten Religiosität (zur Zeit der »Heiligen Allianz«) angedeutet. *Melmothisch* und *haroldisch* beziehen sich auf literarische Vorbilder privater Selbststilisierung: Maturins *geniales* Werk »Melmoth the Wanderer« (1820; vgl.

Anm. zu Kap. 3, XII,8–11, S. 240, und zu Kap. 7, XXII,5–14, S. 248) und Lord Byrons »Childe Harold's Pilgrimage« (1818).

S. 193 XII variiert das Thema des »Haroldischen« (Vers 4) und des »Melmothischen« (Vers 5–6). Dazu gehört auch (in Vers 7) die Erwähnung von Puschkins Gedicht *»Der Dämon»* (1823). Darin schildert Puschkin seine Begegnung mit einem »boshaften Genius«, der die höchsten Ideale und Gefühle des jungen Dichters lächerlich macht und dessen »verletzende Reden kaltes Gift in die Seele träufeln«. Die Zeitgenossen glaubten in diesem »Dämon« Puschkins odessitischen Bekannten Alexander Rajewski zu erkennen, den man allgemein »Melmoth« nannte. Puschkin wies diesen Verdacht zurück und nannte statt dessen den »Geist, der stets verneint«.

S. 194 XIII,13–14: *Tschatzkij*, der sarkastische Held von Gribojedows Komödie »Verstand schafft Leiden« (vgl. Anm. zu Kap.6, XI, 12, S. 247, und zu Kap.7, Motti, S. 248), erscheint nach dreijährigem Auslandsaufenthalt überraschend in der Moskauer Gesellschaft – »vom Schiff auf den Ball«.

XIV,13: Alexander Semjonowitsch *Schischkow* (1754 bis 1841), Admiral, Kultusminister, Akademiepräsident, verfocht einen patriotischen Sprachpurismus.

S. 195 XVI,5: Puschkin schrieb 1830, als diese Strophe entstand, einige Epigramme gegen den Polizeispitzel und Literaten Faddei Wenediktowitsch Bulgarin (1789–1859); hier wäre *Vulgarin* geeignet gewesen.

9: *Nina Woronskaja:* kein historisch belegter Name.

S. 200 XXVI,1: *Prolassow*: ein unhistorischer, aber sprechender Name von prolest' = durchkriechen.

3: Graf Emmanuil K. *St. Priest* (1806–1828), Offizier und Karikaturist.

S. 204 f. *Onegins Brief*: Dieser zuletzt geschriebene Teil des Romans verleiht dem Werk seine spiegelbildliche Symmetrie. Anna Andrejewna Achmatowa (1889 bis 1966) hat nachgewiesen, daß für die Verse 35–40 und 45–54 Constants »Adolphe« Pate gestanden hat (vgl. Anm. zu Kap. 7, XXII,5–14, S. 248f.).

S. 207 XXXV,2–6: Das Wort *wahllos* sollte bei Deutungen dieser bunten Lektüreliste berücksichtigt werden. Die Autoren sind: Edward *Gibbon* (1737–1794), englischer Historiker, berühmt durch »The Decline and Fall of the Roman Empire«; Jean-Jacques *Rousseau*; der italienische Romancier und Napoleon-Verehrer Alessandro *Manzoni* (1785–1873); Johann Gottfried *Herder* (1744–1803); *Chamfort* (1741 bis 1794), Verfasser pessimistischer »Maximes et pensées«; Napoleons Feindin *Madame de Staël*; der Begründer der Histologie Xavier *Bichat* (1771–1802); der Schweizer Arzt Simon André *Tissot* (1728–1797); der irreligiöse Freigeist Pierre *Bayle* (1647–1706) und sein Zeit- und Gesinnungsgenosse Bernard Le Bovier de *Fontenelle* (1657–1757).

S. 208 XXXVIII,11–12: Die Schlagersprache der Zeit war Italienisch. Zu der venezianischen Barkarole »*Benedetta* sia la madre« gab es seit 1825 auch einen russischen Text. Das Lied mit dem Refrain »*Idol mio*, più pace non ho« stammt von Vincenzo Gabussi (1800 bis 1846).

S. 214 L,9–14: Man erinnert sich unwillkürlich an die »Zueignung« zum »Faust«: »Ihr naht euch wieder, schwankende Gestalten, / Die früh sich einst dem trüben Blick gezeigt.«

S. 215 LI,3–4: Die genaue Quelle für das vorgebliche Zitat aus dem persischen Dichter *Sadi* (um 1215–1292) ist nicht eindeutig zu ermitteln. Für Puschkin ist es ein

Selbstzitat aus dem »Springbrunnen von Bachtschissarai« (1823). Seither waren einige Klassenkameraden bereits verstorben, fünf Dekabristen 1826 hingerichtet, an die 200 nach Sibirien verbannt worden, darunter viele Freunde und Bekannte Puschkins. Daher die Übersetzung von Zeile 8, die wörtlich lautete: O viel, viel hat das Verhängnis fortgerafft (*O mnogo, mnogo Rok ot" jal*).

Auf den Text des Romans folgen in der Ausgabe letzter Hand (1837) die 44 Anmerkungen und anschließend »Fragmente aus Onegins Reise«, die Puschkin wie folgt einleitet:

»Die ausgelassenen Strophen haben mehrfach Anlaß zur Verdammung und (übrigens sehr berechtigtem und scharfsinnigem) Spott gegeben. Der Autor bekennt freimütig, daß er ein ganzes Kapitel seines Romans ausgelassen hat, in dem Onegins Reise durch Rußland beschrieben war. Es hing von ihm ab, dies ausgelassene Kapitel durch Punkte oder durch eine Ziffer zu bezeichnen, aber um der Versuchung zu entgehen, entschloß er sich, lieber an Stelle der Nummer neun die Nummer acht über das letzte Kapitel des ›Jewgeni Onegin‹ zu setzen und eine der abschließenden Strophen zu opfern:

Zeit ist's. Die Feder möchte schlafen;
Schon schrieb ich der Gesänge neun;
Nun bringt mein Boot zum frohen Hafen
Der Schwall der neunten Woge ein.
Euch Lob und Preis, ihr neun Kamönen, usw.

P. A. Katenin (welchen ein schönes poetisches Talent nicht hindert, auch ein subtiler Kritiker zu sein) hat uns angemerkt, daß jene Ausschließung, obzwar vielleicht von Vorteil für den Leser, dennoch dem Plan des ganzen Werkes schade; denn dadurch werde der Übergang von Tatjana, dem Provinzfräulein, zu Tatjana, der Dame von Stande, allzu unerwartet und unerklärt – eine Bemerkung, die den erfahrenen Künstler verrät. Der Autor fühlt selbst ihre Berechtigung, aber er entschloß sich, dieses Kapitel auszulassen aus Gründen, die wichtig sind für ihn und nicht fürs Publikum. Einige Fragmente sind schon gedruckt gewesen; wir rücken sie hier ein, vermehrt um einige weitere Strophen.«

Diese Einleitung zu den »Fragmenten« ist, besonders im zweiten Abschnitt, voll versteckter Ironie, wenn man bedenkt, daß in dem ausgelassenen Kapitel von Tatjana überhaupt nicht die Rede war.

Die erste Strophe der Fragmente und die erste Station von Onegins Reise führt in die Handelsstadt Nischni Nowgorod an der Wolga. Auf die katalogartige Schilderung des dortigen Treibens (»Und rings herrscht merkantiler Geist«) folgt, alleinstehend, der Ausruf »Toská!«, ein sehr schwer zu übersetzendes Wort, das, zwischen »zielloser Sehnsucht, Langeweile, Überdruß« angesiedelt, Onegins inneren Zustand beschreibt. Er reist alsbald weiter wolgaabwärts nach Astrachan und von dort in den Kaukasus, dem drei Strophen gewidmet sind. Auch deren letzte schließt mit dem Ausruf »Toská, toská!«. Onegin reist weiter auf die Krim, bei deren Beschreibung Puschkin zu seinen eigenen Erinnerungen übergeht, um in einer drei Strophen umfassenden Digression seine Ernüchterung (»Ich tat viel Wasser in den Wein«) und seine Wandlung vom Sänger wildromantischer Landschaften und hochgemuter Ideale zum realistischen Schilderer von »der flämischen Schule buntem Schmutz« eindrucksvoll auszumalen.

Am Ende der neunten Strophe wird die Fiktion der Freundschaft mit Onegin wieder aufgegriffen, der nach drei

Jahren der Trennung sich des Dichters erinnert habe, als er ebenfalls in Südrußland umherreiste. Die erneute Begegnung wird jedoch nur angekündigt; mit den Worten »Damals lebt' ich im staubigen Odessa« beginnt eine neue Digression, die das Odessa von 1823/24 zum Gegenstand hat und, ganz im Stil des 1. Kapitels, zehn Strophen füllt, worauf die alleinstehende Zeile folgt:

»Ja, damals lebt' ich in Odessa ...«

Damit schließt der veröffentlichte Text der Ausgabe letzter Hand.

LITERATURHINWEISE

Die äußerst umfangreiche Literatur zu Puschkin und zu »Jewgeni Onegin« ist natürlich zum größten Teil in russischer Sprache abgefaßt. Auf Deutsch gibt es vor allem Aufsätze in slavistischen Fachzeitschriften. Für den interessierten deutschen Leser seien hier einige Buchtitel angeführt, die über den Dichter und sein Hauptwerk informieren:

MIRSKY, Dmitrij S. Prince: *Pushkin*. London/New York 1926; Nachdruck New York 1963.

TROYAT, Henri: *Pouchkine, Biographie*. Paris 1953; deutsch (gekürzt): *Puschkin. Eine Biographie*. München 1959, Nachdruck München 1979 (Taschenbuch).

SETSCHKAREFF, Vsevolod: *Alexander Puschkin. Sein Leben und sein Werk*. Wiesbaden 1963.

BACKES, Jean-Louis: *Pouchkine par lui-même*. Paris 1966 (Écrivains de toujours, nr. 79).

NABOKOV, Vladimir: *Eugene Onegin. A Novel in Verse by Aleksander Pushkin. Translated from the Russian, with a Commentary by Vladimir Nabokov, in Four Volumes*. New York 1964 (Bollingen Series LXXII).

Der beste russische Kommentar ist:

LOTMAN, Jurij M.: *Roman A. S. Puškina »Evgenij Onegin« – Kommentarij*. Leningrad 1980.

ZEITTAFEL

1799 Alexander Sergejewitsch Puschkin wird am 6. Juni in Moskau geboren.

1811 Übersiedlung mit dem Onkel Wassili Lwowitsch Puschkin (1766–1830), einem Amateurdichter, nach St. Petersburg. Dort im Oktober Einschulung in das »Lyzeum«, das vornehmste Gymnasium Rußlands.

1816 Bekanntschaft mit den damals bedeutendsten Dichtern und Literaten: Gawrila Romanowitsch Derschawin (1743–1816), Nikolai Michailowitsch Karamsin (1766–1826) und Wassili Andrejewitsch Schukowski (1783–1852), sowie mit Husarenoffizieren mit Europaerfahrung. Puschkin schreibt seit 1813 und publiziert seit 1814 russische Gedichte, die alsbald Anerkennung finden.

1817 Schulabschluß. Übernahme ins Außenministerium. Puschkin lebt in Petersburg das Leben der Jeunesse dorée; Theaterfan, Anschluß an literarische Zirkel. Er glänzt mit scharfzüngigen Epigrammen und freiheitlichen Versen.

1820 Im Mai wird Puschkin wegen regimekritischer Verse aus der Hauptstadt strafversetzt nach Südrußland. Gleichzeitig erscheint sein erstes Buch, das Versepos (=Poem) *Ruslan und Ljudmila.* Puschkin besucht mit der Familie des Generals Nikolai Nikolajewitsch Rajewski den Kaukasus und die Krim, lernt dort die Dichtung Lord Byrons und André Chéniers kennen. Während der Dienstzeit im bessarabischen Kischinjow entstehen unter anderem die sogenannten »südlichen« Poeme: *Der Gefangene im Kaukasus* (1821), *Die Räuberbrüder* (1822) und *Der Springbrunnen von Bachtschissarai* (1822/23).

1823 Tiefe geistige Krise (Gedicht *Der Dämon*). Beginn der

Arbeit an *Jewgeni Onegin* und dem letzten »südlichen« Poem *Die Zigeuner*. Puschkin wird auf Fürsprache seiner Petersburger Freunde nach Odessa versetzt, wo er alsbald mit seinem Dienstherrn, Graf Michail Semjonowitsch Woronzow (1782–1856), in Konflikt gerät. Besuch des italienischen Theaters, Bekanntschaft mit Goethes *Faust I*.

1824 Auf Grund eines abgefangenen Briefes wird Puschkin – wegen angeblichen Atheismus – aus dem Staatsdienst entlassen und auf das Gut seiner Mutter Nadeschda Ossipowna, Michailowskoje (Gouvernement Pskow), verbannt, wo er im August eintrifft und unbefristet verbleibt.

1825 In Michailowskoje entstehen, neben vielen lyrischen Gedichten, der Schluß der *Zigeuner*, das Drama *Boris Godunow*, das Scherzepos *Graf Nulin* und von *Onegin* der Schluß des 3. und das 4. Kapitel, in dem Puschkin sein Leben auf dem Lande reflektiert. Im November stirbt überraschend Zar Alexander I. Im Zusammenhang mit der unklaren Nachfolge kommt es in Petersburg am 14. Dezember zu einem Putsch (dem sogenannten Dekabristen-Aufstand), der vom neuen Zaren, Nikolaus I., niedergeschlagen wird. Unter den Dekabristen sind viele Freunde und Bekannte Puschkins.

1826 Nikolaus I. rechnet blutig mit den Dekabristen ab: Fünf werden gehängt, über 200 nach Sibirien verbannt. Anfang September läßt der Zar Puschkin nach Moskau holen. Es kommt zu einem Gespräch. Die Verbannung wird aufgehoben, der Zar will Puschkins persönlicher Zensor sein. Nach triumphalem Empfang bei den Moskauer Freunden kehrt Puschkin freiwillig nach Michailowskoje zurück und beendet dort das 5. Kapitel des *Onegin*.

1827–29 Puschkin führt ein unstetes Wanderleben, argwöhnisch beobachtet vom Chef der Geheimpolizei, Graf Alexander Christoforowitsch Benkendorf (1781 oder 1783–1844). Mehrere Liebesaffären und eine Verlobung enden unglücklich. Neben vielen Gedichten, darunter programmatischen, die die Unabhängigkeit des Dichters verkünden, entstehen das historisch-romantische Poem *Poltawa* und große Teile des 6. und 7. Kapitels des *Onegin*. 1829 entweicht Puschkin für ein paar Monate der Polizeiüberwachung und geht zu den in der Türkei operierenden Truppen, wo er an der Eroberung von Erzerum teilnimmt – dies bleibt sein einziger »Auslandsaufenthalt«. Im selben Jahr lernt er in Moskau auf einem Ball die schöne Natalja Nikolajewna Gontscharowa (1812–1863) kennen und beschließt, sie zu heiraten.

1830 Aktive Teilnahme an der neugegründeten *Literatur-Zeitung (Literaturnaja gaseta)* seines Freundes Baron Anton Antonowitsch Delwig (1798–1831). Polemik mit dem Journalisten Faddei Wenediktowitsch Bulgarin (1789–1859). Schwierigkeiten mit der Familie der Braut. Anfang September reist Puschkin wegen finanzieller Vorbereitung der Hochzeit auf das väterliche Gut Boldino (Gouvernement Nischni Nowgorod), wo er durch eine Choleraquarantäne bis Ende November festgehalten wurde. In diesem unglaublich fruchtbaren Herbst entstanden etwa 30 lyrische Gedichte, eine Verserzählung in Oktaven (*Das Häuschen in Kolomna*), vier kleine Tragödien in Blankversen (*Der geizige Ritter, Mozart und Salieri, Der steinerne Gast, Das Gelage während der Pest*), die fünf *Erzählungen Belkins* (*Der Schuß, Der Schneesturm, Der Sargmacher, Der Postmeister, Das Edelfräulein als Bäuerin*) und eine Reihe von Entwürfen in Vers und Prosa – und es fiel die Entscheidung über die endgültige Gestalt des *Onegin*, nachdem das letzte Kapitel (das 8.) abgeschlossen war.

1831 Puschkin heiratet Natalja und siedelt in die Nähe von Petersburg über. Er wendet sich historischen Themen zu und wetteifert mit Schukowski in Kunstmärchen. Nach Delwigs Tod wird bald auch die *Literaturnaja gaseta* eingestellt. Puschkin engagiert sich in zwei großen Gedichten für die russische Haltung gegenüber dem aufständischen Polen.

1832 Durch die Einfügung des »Briefes Onegins« wird der Versroman endgültig abgeschlossen. Geburt der Tochter Marija.

1833 Erste Gesamtausgabe des bisher kapitelweise veröffentlichten *Jewgeni Onegin*. Puschkin schreibt vorwiegend Prosa, das Romanfragment *Dubrowski* und die Novelle *Pique Dame*. Bei einem neuen Besuch in Boldino entsteht das große Gedicht *Der Herbst*. Puschkin betreibt historische Studien zum Pugatschow-Aufstand (1773/74) im Wolga-Ural-Gebiet und schreibt eine historische Abhandlung darüber. Gleichzeitig entsteht das gewaltige Poem *Der eherne Reiter* und – nach Shakespeares »Maß für Maß« – die Szenenfolge *Angelo*. Geburt des Sohnes Alexander.

1834 Der Pugatschow-Stoff wird in dem historischen Roman *Die Hauptmannstochter* (1833–36) verwertet. Puschkin schafft, angeregt durch Prosper Mérimées »La Guzla«, die *Lieder der westlichen Slawen* in reimlosen Versen und das *Märchen vom goldenen Hahn*. Puschkin wird zum Kammerjunker ernannt, seine Post überwacht.

1835–36 Unter bedrückenden häuslichen und finanziellen Verhältnissen und der Weigerung des Zaren, Puschkin aus der Hauptstadt fortzulassen, leidet die Produktivität des Dichters. Dennoch entstehen einige großartige Gedichte, wird der Roman *Die Hauptmannstochter* ganz, die Erzählung *Ägyptische Nächte* teilweise vollendet, eine Nachdichtung von John Bunyans »The Pilgrim's Progress« begonnen. 1835 Geburt des Sohnes Grigori, 1836 Geburt der Tochter Natascha. Puschkin bekommt die Lizenz, eine Zeitschrift herauszugeben, den *Zeitgenossen*. Er bereitet eine Ausgabe seiner Werke vor, eine zweite Ausgabe des *Onegin* und arbeitet an einer *Geschichte Peters des Großen*. Im Spätherbst 1836 erhält er einen anonymen Brief, in dem auf ein angebliches Verhältnis seiner Frau mit dem Zaren angespielt wird. Er verdächtigt den holländischen Gesandten Heeckeren und fordert dessen Adoptivsohn Georges d'Anthès, der Natalja tatsächlich den Hof macht, zum Duell. Puschkins Freunde verhindern das Duell, d'Anthès heiratet Nataljas Schwester Jekaterina, beginnt aber alsbald, Natalja wieder nachzustellen. Sie sagt es Puschkin. Der wiederholt seine Forderung.

1837 Am 8. Februar kommt es zum Duell. Puschkin wird schwer verwundet und stirbt am 10. Februar in Petersburg an den Folgen. Wegen der großen Anteilnahme der Petersburger wird die Einsegnung im letzten Moment verlegt und nur geladenes Publikum zugelassen; danach wird der Sarg bei Nacht und Nebel ins Kloster Swjatyje Gory bei Michailowskoje gebracht und dort beigesetzt. Der Zar übernimmt Puschkins Schulden und sorgt für die Familie; Schukowski betreut die Werkausgabe. Der junge Dichter Michail Jurjewitsch Lermontow (1814–1841) schreibt ein Gedicht »Auf den Tod des Dichters«, in dem er die Hofclique für Puschkins Tod verantwortlich macht, und wird prompt in den Kaukasus verbannt.

Fjodor M. Dostojewski

Aufzeichnungen aus einem Totenhaus und drei Erzählungen
Übertragen von E. K. Rahsin.
4. Aufl., 12. Tsd. 1976. 863 Seiten. Leinen und Leder

Gesammelte Briefe 1833–1881
Übersetzt, herausgegeben, kommentiert und mit einem Nachwort versehen von Friedrich Hitzer. 1986. 410 Seiten. Serie Piper 466

Die Brüder Karamasoff
Roman in vier Teilen mit einem Epilog. Übertragen von E. K. Rahsin.
21., im Anhang veränderte Aufl., 134. Tsd. 1985. 1331 Seiten. Serie Piper 402

Die Dämonen
Roman. Übertragen von E. K. Rahsin. 15. Aufl., 93. Tsd. 1985.
1031 Seiten. Leinen (Auch in der Serie Piper 403 lieferbar)

Der Doppelgänger
Frühe Romane und Erzählungen. Übertragen von E. K. Rahsin.
3. Aufl., 9. Tsd. 1976. 918 Seiten. Leinen und Leder

Der Idiot
Roman. Übertragen von E. K. Rahsin.
Mit einem Nachwort und einer Zeittafel von Ilma Rakusa.
16., im Anhang veränderte Aufl., 106. Tsd. 1983. 983 Seiten. Leinen
(Auch in der Serie Piper 400 lieferbar)

Der Jüngling
Roman. Übertragen von E. K. Rahsin.
1986. 919 Seiten. Leinen
(Auch in der Serie Piper 404 lieferbar)

Onkelchens Traum
Drei Romane. Übertragen von E. K. Rahsin. 2. Aufl., 7. Tsd. 1970.
1002 Seiten. Leinen
(Auch in der Serie Piper 405 lieferbar)

Fjodor M. Dostojewski

Rodion Raskolnikoff

Schuld und Sühne. Roman. Übertragen von E. K. Rahsin.
11. Aufl., 71. Tsd. 1975. 763 Seiten. Leinen
(Auch in der Serie Piper 401 lieferbar)

Sämtliche Erzählungen

Übertragen von E. K. Rahsin. 6. Aufl., 49. Tsd. 1984. 528 Seiten. Geb.
(Auch in der Serie Piper 338 lieferbar)

Sämtliche Werke in zehn Bänden

Übertragen von E. K. Rahsin. 1980. 9223 Seiten.
(Leinen und Leder in Kassette)

Der Spieler

Späte Romane und Novellen. Übertragen von E. K. Rahsin.
3. Aufl., 12. Tsd. 1974. 783 Seiten. Leinen

Der Spieler

Aus den Aufzeichnungen eines jungen Mannes.
Roman. Übertragen von E. K. Rahsin.
1986. 218 Seiten. Serie Piper 507

Tagebuch eines Schriftstellers

Übertragen von E. K. Rahsin. 3. Aufl., 9. Tsd. 1977. 666 Seiten. Leinen

Anna Grigorjewna Dostojewski
Erinnerungen

Das Leben Dostojewskis in den Aufzeichnungen seiner Frau.
Herausgegeben von René Fülöp-Miller und Friedrich Eckstein.
Aus dem Russischen übersetzt von Dmitri Umanski.
3. Aufl., 21. Tsd. 1980. 426 Seiten; 26 Fotos. Leinen

Russische Literatur

Iwan Bunin
Grammatik der Liebe

Erzählungen
Auswahl und Nachwort von Horst Bienek.
Aus dem Russischen von Georg Schwarz und Ilona Koenig.
1986. 259 Seiten mit Zeittafel. Serie Piper 432

Der Band enthält neun Erzählungen, die alle um die zentralen Themen in Bunins Werk kreisen: Liebe, Tod, Einsamkeit, Verfall. Es ist das alte Rußland, das er heraufbeschwört, dessen Zusammenbruch er vorausahnt. »Ein Pope, der angestrengt und voller Trauer seiner eigenen Klasse die Totenmesse liest«, wie Gorki ihn charakterisierte. Bunin beschreibt die Zeit, die stärker ist als alle Menschengewalt, die verändert und zerstört, beschreibt die Zwanghaftigkeit eines Systems, in dem die Armen die noch Ärmeren ausbeuten. Bunin, der erste russische Nobelpreisträger, wurde von André Gide als der »wohl größte russische Schriftsteller dieses Jahrhunderts« bezeichnet.

Iwan Bunin
Dunkle Alleen

Erzählungen
Auswahl und Nachwort von Horst Bienek.
Aus dem Russischen von Ilona Koenig. 141 Seiten. Serie Piper 677

Die große, mit Puschkin beginnende Tradition realistischer russischer Erzählkunst wurde von Bunin zu einem späten Höhepunkt geführt. Nicht nur die Einflüsse der französischen Realisten machen sich in seinem Werk bemerkbar, sondern auch die Tschechows, Gontscharows, Turgenjews und Tolstois. Die lyrische Wirkung wird bei ihm nicht durch eine lyrische Sprache erzeugt, sondern allein durch die Poesie der Gegenstände. Das Thema der meisten der acht Erzählungen dieser Auswahl ist die Liebe – Liebe, die zum Mord führt, Liebe, die an einen Unwürdigen verschwendet wird, Liebe, die der Zeit, der Vergänglichkeit unterworfen ist. Bis auf eine sind alle Geschichten lange nach Bunins Emigration nach Paris im Jahre 1920 entstanden, doch sie beschwören noch das alte Rußland aus der Zeit vor der Revolution.

Russische Literatur

Wassilij Aksjonow
Defizitposten Faßleergut

Novelle mit Übertreibungen und Traumgesichten.
Aus dem Russischen von Thomas Reschke.
2. Aufl., 7. Tsd. 1985. 98 Seiten. Serie Piper 115

Faßleergut soll per Lastwagen ins Depot der nächsten Kreisstadt befördert werden. Wie einst Gogols berühmte Troika rast der Wagen in wildem Zick-zack tage- und nächtelang über Land, während Fahrer und Fahrgäste gammeln und träumen – es ist eine Fahrt ins Unbekannte, ins Land der Verheißung, wo der »gute Mensch« ihrer Träume auf sie wartet.

»Dieses ebenso übermütige wie hintersinnige Prosastück ist eine rare Ausnahmeerscheinung innerhalb der zeitgenössischen Sowjetliteratur.«
Süddeutsche Zeitung

Wenedikt Jerofejew
Die Reise nach Petuschki

Ein Poem
Aus dem Russischen von Natascha Spitz.
Titel der Originalausgabe: »Moskwa – Petuschki«.
176 Seiten. Serie Piper 671.

Der Ich-Erzähler und Trunkenbold Wenedikt Jerofejew besteigt mit einem Köfferchen voll Schnaps den Vorortzug von Moskau nach Petuschki, wo er jedoch nie ankommen wird. Die Reise gerät zur reinen Sauftour: Wenedikt trinkt, die Mitreisenden trinken. Das Delirium des Helden ist für den Autor das Mittel, die moralischen und geistigen Werte des realen Sozialismus zu demonstrieren. In seinem scharfen Witz und seiner Komik steht dieser Roman, in dem das Lachen Ausdruck der Verzweiflung ist, in der sowjetischen Gegenwartsliteratur einzigartig da.

»Russisch! Literarisch! Ungewöhnlich komisch! Kaufen! Lesen! Lachen!«
Robert Gernhardt

Russische Literatur

Jurij Trifonow
Der Tausch

Aus dem Russischen von Alexander Kaempfe und
Helen von Ssachno.
1986. 87 Seiten. Serie Piper 79

Trifonows Erzählung liegt ein Nichts an Handlung zugrunde: der Tausch einer Wohnung, womit in psychologisch ungemein präziser Form die Analyse einer Ehe beginnt, die sich als Lebenslüge entpuppt. Der Prozeß dieser Entlarvung geht lautlos vor sich – es gibt keine dramatischen Höhepunkte, keine Scheidung, so daß auch die Katastrophe unsichtbar bleibt. Schicksal heißt hier: Alltag, Wiederholung, Zustand gegenseitiger Vortäuschungen – vor dem Wohnungstausch noch mit gnädig geschlossenen Augen, danach im vollen Besitz der inneren Sehkraft. Damit aber wird eine Allgemeingültigkeit erreicht, die Trifonows Erzählung den Rang des Meisterhaften verleiht. Selten ist die gegenseitige emotionale Abnutzung präziser geschildert worden.

Piper 12/1ff

Russische Lyrik

Gedichte aus drei Jahrhunderten

Ausgewählt und eingeleitet von Efim Etkind.
1981. 575 Seiten. Leinen

Die umfassendste Anthologie russischer Lyrik, die es auf deutsch jemals gegeben hat, herausgegeben von dem bedeutenden russischen Literaturwissenschaftler Efim Etkind. Sie enthält Gedichte so bedeutender Lyriker wie Puschkin, Nekrassow, Alexej Tolstoi, Blok, Mandelstam, Achmatowa, Chlebnikow, Jessenin, Zwetajewa, Pasternak, Jewtuschenko, aber auch lyrische Proben aus dem Werk von Autoren wie Turgenjew, Lermontow, Bunin, Gorki und Nabokow, die in erster Linie als Prosaisten weltberühmt wurden.
Nicht zuletzt bietet diese Anthologie dem Leser die Möglichkeit, zahlreiche Entdeckungen zu machen – sie umfaßt mehr als 500 Gedichte von über 130 Lyrikern. Besonderen Wert legte der Herausgeber, selbst vorzüglicher Kenner sowohl der deutschen als auch der russischen Lyrik, auf die Qualität der Übersetzer, zu denen neben vielen anderen Dichtern wie Chamisso, Paul Celan, Rilke, aber auch Sarah Kirsch, H. M. Enzensberger und Christa Reinig zählen.
Ein ausführlicher Anmerkungsteil, der auch die Viten der Autoren enthält, beschließt den Band, der zweifellos ein unerläßliches Standardwerk ist.

Jossif Brodskij
Einem alten Architekten in Rom

Gedichte. Aus dem Russischen von Karl Dedecius, Rolf Fieguth und Sylvia List. 1986. 122 Seiten. Serie Piper 506

Piper 12/2g

Alexander Solschenizyn

Das Rote Rad
Zweiter Knoten

November sechzehn

Roman. Aus dem Russischen von Heddy Pross-Weerth.
1986. 1200 Seiten. Leinen

»Mit ›November sechzehn‹ schafft Solschenizyn eine wahrhaftige Enzyklopädie des russischen Lebens vor der Revolution, ein tiefgründiges Porträt, in dem sich Weltgeschichte und Liebesgeschichten begegnen. Er läßt vor unseren Augen das Rußland von 1916 wiedererstehen, eine Gesellschaft, die durch verantwortungslose Demagogie zerrüttet wird, ein Volk, schon halb verblutet durch einen Krieg, der um der schönen Augen der Allierten willen geführt wird, und dennnoch durch seine Arbeitsliebe noch tief mit der Wirklichkeit verwurzelt ...«

Georges Nivat, L'Express

»Ist das wirklich ein Roman? Ja, ein Werk, das gigantisch und stürmisch ist wie unsere Epoche. Es enthält eine wunderbare Liebesgeschichte, einen Roman im Roman. Vielleicht hat Solschenizyn sie geschrieben, um seinen Kritikern zu beweisen, daß er auch das kann, vielleicht weil er sie schon lange in sich trug, vielleicht um zu zeigen, daß Schönheit und Zärtlichkeit auch dann bestehen können, wenn die ganze Welt dem Irrsinn verfallen scheint.«

Georges Suffert, Le Point

Piper 12/1c

PIPER